不内耗的学习力

低成本、高效能的学习心理学

大阿托 星星◎著

Learning
Without Internal Friction

人民邮电出版社

北　京

图书在版编目（CIP）数据

不内耗的学习力 ：低成本、高效能的学习心理学 /
大阿托，星星著. -- 北京 ：人民邮电出版社，2023.8（2024.5重印）
ISBN 978-7-115-62051-4

Ⅰ．①不… Ⅱ．①大… ②星… Ⅲ．①学习心理学－
通俗读物 Ⅳ．①G442-49

中国国家版本馆CIP数据核字(2023)第119654号

◆ 著　　　　大阿托　星　星

　　责任编辑　朱伊哲

　　责任印制　周昇亮

◆ 人民邮电出版社出版发行　　北京市丰台区成寿寺路 11 号

　　邮编　100164　　电子邮件　315@ptpress.com.cn

　　网址　https://www.ptpress.com.cn

　　天津千鹤文化传播有限公司印刷

◆ 开本：880×1230　1/32

　　印张：7.375　　　　　　　　2023 年 8 月第 1 版

　　字数：185 千字　　　　　　2024 年 5 月天津第 6 次印刷

定价：59.80 元

读者服务热线：(010)81055296　印装质量热线：(010)81055316
反盗版热线：(010)81055315
广告经营许可证：京东市监广登字 20170147 号

前言

你本身就是一个奇迹

30 多年前，我（大阿托）十五六岁，像你一样正年少。每个周五傍晚，我都要在长约 25 公里的乡间小路上骑行，两边是庄稼地，从学校回到家；周日下午，再沿着同样的路线，从家赶到学校。

有一段时间，我独自一人在乡间小路上穿行时，常常会冒出一种奇怪的想法：怎么会有一个我？

宇宙存在了大约 137 亿年，地球存在了大约 46 亿年，地球上自出现生命以来，已经过了大约 38 亿年，猿猴演变成人也经历了大约 300 万年。之前有无数人来到这世上，但没有一个是我。将来，宇宙还要存在很久很久，地球上还会有无数人来来去去，可是再也不会有一个我。但，夕阳西下，墨绿的庄稼高低不一，虫鸣鸟叫此起彼伏，就在那个时刻，偏偏有一个我，那么真实地存在着。

怎么会这样？太奇怪了！

是的，这本来是一件不可能的事。我是说，你和我，每一个人，能来到这个世界，能思考，能阅读，能学习，从概率上讲都几乎是不可能的。但我们恰恰来了，恰恰存在着，这本身就是一个奇迹。

这真是非常、非常、非常幸运的，你和我都有出奇的、几乎不可能存在的好运气。

想一想啊，在大约38亿年的时间里，你和我各自的任何一个祖先都很有魅力，都能找到配偶，都能生儿育女，都运气好得能活到生儿育女的年龄。这些祖先，一个都没有被压死，被吃掉，被淹死，被饿死；他们还能于兆亿生命之中遇见另一半，于亿万年之中，在时间无涯的荒野里，没有早一步，也没有晚一步，刚巧碰上了对方，刚巧还红了脸、害了羞，产生了情感的涟漪；又在没早一步，也没晚一步刚刚好的时间，把遗传物质释放给对方，生下下一代，让唯一可能的遗传组合传承下来，最终在某个时刻产生了你（也有我）。

假如（只能是假如），数年前我们俩都还是飘在半空里的灵魂，我告诉你说，有一天你会降生在这世界上，那时候你一定会说"不可能"。是呀，怎么可能有那么好的运气呢？

但这最终还是成了可能，不但成了可能，而且成了确凿无疑的事实。此刻的我正在与你对话，此刻的你正在读这本书，这就是明证。

这竟然都成了可能，那还有什么是不可能的呢？

包括成为"学霸"这件小事，也能成为可能。

成为学霸，其实有规律可循

能来到这个世界，纯粹靠运气，你我无法掌控。

但成为学霸这件事，却不用靠运气，而是有规律可循，可掌握，可把控，可实现的——可以自我掌控的事就是小事。你的命运掌握在自己手中，这是我要告诉你的一个好消息。

我们一起来看一个"学霸公式"。

这个公式不是我们（两位作者）总结出来的。我们不是知识的创造者，只是知识的搬运工。这本书里的每一个字，以及它们背后的智慧都不是我们创造的，而是人类中的"大脑壳"（严肃的说法是伟人或智者）们创造的。为了保证准确，杜绝谬误，对于本书引用的每一个知识点，我们都尽最大努力去查证核对，以做到句句有出处。

另外，我们也向你保证，书里的每一个字都是我们经过思考才写下来的。故事里的每一个中小学生都是真实的人，是我们辅导过的孩子，只是为了保护他们的隐私，我们用字母作为他们的化名。出于写作的考虑，为了使文字不至于太过拖沓，他们的故事也经过了加工（而非虚构），有时我们会把两个人的故事组合起来放在一个人身上。从这些同龄人身上，你可以看到"大脑壳"们的研究会怎样帮助他们以及你实现自己的梦想。

回到正题，"学霸公式"本不叫此名，也不是专门为学生提出来的，它适用于每一个追求高绩效、追求梦想的人，所以本来叫绩效公式。创造这个公式的"大脑壳"名叫提摩西·加尔韦，他是一位教育学家和网球运动员。

"学霸公式"是这样的：

$$绩效 = 潜能 - 干扰$$

$$P=p-i$$

所谓绩效，就是成绩或成效。也就是说，一个人的工作绩效或学习绩效，等于潜能值减去干扰值。

通过这个简单的公式，你可以明白，要想成为学霸，你需要做的事有两件：一是挖掘自己的学习潜能，二是减少或消除自己的学习干扰项。做到这两件事，你就有可能成为学霸。

本书使用指南

本书围绕"学霸公式"展开，旨在帮助你挖掘学习潜能，减少学习干扰项，提高学习绩效，最终成为学霸。

高效学习是一项技能，技能需要练习才能获得——光说不练假把式。就像你想要成为游泳高手，光知道水的浮力的计算方法是不够的，知道蛙泳、蝶泳、混合泳的正确姿势也是不够的，这些都是知识而不是技能。你还需要跳入泳池，加以练习，并且练习到足够的程度才能真正成为游泳高手。

所以，本书不是一本知识性读物，书中不得不提到的一些概念并不重要，你不需要记住它们——记住当然也没坏处。将知识用起来，才是本书正确的使用方式。

我建议你邀请父母和你一起读这本书，至少和你一起读其中的部分章节。你的一些至关重要的学习潜能，需要他们和你共同挖掘。你们之间的关系对你的学习绩效影响极大，良好的亲子关系会激发你的学习潜能，反之，不良的亲子关系则会给你带来巨大的学习干扰项。

如果你能邀请老师读这本书，将对你有更大的帮助。当然，老师们都很忙，不一定能应邀。你也可以邀约与你关系最好的几位同学一起读，并一起行动。给你这个建议的理由很简单：一个人可能走得快，一群人才能走得远。为自己建设一个具有支持性的小环境，三五知己携手共进，将会使你（们）的学霸之路更为顺畅。

本书分为3个部分。

第一部分预备篇，讲述"学霸公式"和学霸的3个秘密。这3个秘密最后会汇集成一个学霸法则。要掌握学霸法则，你需要一种简单高效的思维方法——"3W学霸思维法"。

我的老师、中国科学院心理研究所的史占彪教授有一项研究成果，叫5W模型。5W模型是我们工作室的心理教练与前来求助的客户一起工作时所用的思维方法，"3W学霸思维法"即脱胎于此。

在任何一个场景中，当你要挖掘自己的学习潜能，或减少自己的学习干扰项时，你都可以用这种简单高效的思维方法来整理思路，实现思维突破，进而解决问题、达成目标。

第二部分流程篇则将"3W学霸思维法"进一步具体化，使其变成可以操作的流程。该流程共有8个步骤，我们可以称之为"学霸8步法"，这是一张8步行动路线图。

"3W学霸思维法"相当于推导"学霸公式"的思维方法，"学霸8步法"则相当于运用"学霸公式"解题的8个步骤。有了这两者，你就能解决与之相关的任何难题了。"学霸8步法"中的每一步都有"学霸工具包",共有 17 个母工具包、4 个子工具包。这些工具包可以让你更方便地使用"学霸 8 步法"。

前期,你可以循着 8 步行动路线图去减少学习干扰项,挖掘每一项学习潜能。到后期,当你对"3W 学霸思维法"熟稔于心,将其变成了自己的思维方式甚至生活方式之后,你就可以创造性地生成自己解决问题的智慧了。

第三部分落地篇则更进一步,用"学霸 8 步法"指导你养成 8 个重要的学习习惯。这相当于老师讲了解题步骤之后,再用几道例题给你演示。根据已有的学习经验,你一定知道,解题技巧不是只适用于那几道例题,还可以用来解答所有类似的题。同样的道理,"学霸公式""3W 学霸思维法""学霸 8 步法"也不是只适用于培养作为例题的 8 个习惯,还可以用来培养其他各种习惯,解决其他各种问题。

1 个"学霸公式",1 种学霸思维法,1 个 8 步流程,8 个学习习惯,21 个学霸工具包,就是本书的全部内容。它们分别对应你学到的一个数学公式、公式代表的思维方式、运用公式解题的步骤,以及 8 道相关例题的解题过程和必要的解题工具。当你掌握了这几个部分的内容,无论题型怎么变化,你都能应付自如。解题如此,成为学霸也是如此。学习是门科学,有规律可循,可掌握,可把控,可达成。

你本身就是一个奇迹,本来就有无限的可能。只要掌握了本书的全部内容,并且去运用、去实践,成为学霸、超越学霸便皆有可能。

从现在起,开始你的学霸养成之旅吧!

出场人物

小 D

因为"面子"问题和老师、家长对抗，成绩急转直下。

小 H

总担心成绩下滑，考试时因为过度紧张晕倒在考场的"学霸"。

小 Z

极度自卑的倒数第一。

X

让人"羡慕嫉妒恨"的"学神"，上课睡大觉，成绩却遥遥领先。

小迷妹

X 的"小迷妹"，和 X 相反，看似用功却陷入"伪努力"。

小 Y

"不听话"的高考第一名。

小F (老F)

突然找到人生目标，从此不再浑浑噩噩。

小 L

为了一辆酷炫的电动车，和父母下最后通牒。

小 J

想要"隐身"的"学渣"，听话用功却成绩倒数；玩乐高没人比得过。

小 C

腼腆的性格和强壮的体型形成鲜明对比，因为学习不够主动，没少挨骂（挨揍）。

小 W

大部分时间都在走神，写作业效率奇低。

小 Q

梦想是走遍全世界，英语却是"噩梦"。

小K

"又菜又好斗"的刺儿头，总喜欢揪着小事儿不放。

无欲无求的"老好人"，对学习也是"交差了事"。

小A

小M

总抱着手机不放，甚至把奶奶气到心脏病发作。

目录

1 **预备篇**
"学霸公式"和学霸的 3 个秘密

3 落地篇
流程落地成习惯，让学霸动作成为肌肉记忆

预备篇

"学霸公式"和
学霸的 3 个秘密

第 1 章 | 问题让人歧路狂奔，目标使人奋发向上

(1.1) 小 D 故事之鸡飞狗跳

2018 年暑假期间，一个酷热的上午，小 D 的妈妈来找我咨询。当时小 D 正在拆家——这不是比喻的说法，而是真正意义上的拆家。

头天晚上，小 D 藏在被窝里偷偷玩了一夜手机，早上被妈妈发现。母子俩因为这件事开始争吵，越吵越激烈，妈妈越来越生气，一怒之下，把手机给砸了。小 D 见妈妈把手机砸了，也情绪失控，操起榔头，疯了一样，砸冰箱，砸电视，砸家里所有能砸的东西。

看到这种情景，小 D 的妈妈不知所措，联系到我。

小 D 一直都是这样的孩子吗？不，就在前不久，仅仅几个月之前，他还是个品学兼优的学生，是班里的学霸、数学课代表。然而，当时发生的一件事使形势急转直下。小 D 开始不学习，不写作业，特别是不写数学作业，开始疯狂玩手机。

那天数学课上，老师让数学课代表、尖子生小 D 到讲台上做一道题，演示给其他同学看。他很好地完成了任务，老师表扬了他。

故事发展到这儿，一切顺利，看起来还会一直顺利下去，就像童话故事一样，最后有一个圆满的大结局。

但是意外发生了。

小 D 所在的重点初中，班额大，学生多，课桌间距小。小 D 要回到自己的座位，同桌就得站起来给他让路。同桌站起来背对小 D 的那一刻，小 D 不知道抽了哪根筋——突然伸手把同桌的裤子（带松紧带的校服裤子）扯了下来。同桌的大红裤衩和身体的某半个白花花的部位，就一下子展现在全班同学和老师面前。你能想象到当时班里的场面——炸了，同学炸了，老师也炸了。

老师怒气冲冲，大声训斥小 D，让小 D 写检查，写完检查后到讲台上读给全班同学听。小 D 照办了，但在读的时候，总是会读错一些字句。老师说："你这是故意对抗我，态度有问题！你自己写的检查，怎么会读不对？一直读！啥时候全读对了，一个字不错，才能下讲台。"就这样，小 D 读了好多遍，但每一遍都会读错一两句话，读错几个字。

下节课正好是体育课，体育老师已经进教室了，看到这种情况，只好临时"生了病"。这件事持续了一节多课，到最后，小 D 也没全部读完。老师拿出了撒手锏——请家长。

小 D 的妈妈到学校后，听了事情的经过，也非常生气，呵斥小 D，要求他给老师、给同桌道歉。同桌倒没什么，说："阿姨，不需要的。我本来就没生气，我们经常相互搞恶作剧的。"但是，小 D 的妈妈还是严令小 D 给同桌道歉，给老师道歉。小 D 木着脸不配合。

这件事惊动了学校领导。最后，小 D 还是低头认了错。但是，从那之后，他开始不学习，不写作业，先是不写数学作业，后来所有的作业都不写。你可以想象他的爸爸妈妈有何反应——他们开始每天吵架。到了暑假，小 D 更是没日没夜地玩手机。他开学就要上初三，父母看在眼里，急在心头。小 D 玩手机成了他们家的主要矛盾，直到拆家事件发生。

如果事情一直这么发展下去，小 D 早晚会废掉。

 1.2 战斗或逃跑：理智丢失，成绩下滑

在咨询过程中，小 D 的妈妈和小 D 都说了这样的话："我失去理智了。"小 D 的妈妈是一开始说的，而小 D 是在第一次参与咨询的中间阶段说的。

作为曾经的学霸，小 D 的学习潜能是毋庸置疑的，但形势急转直下，显然是因为出现了巨大的学习干扰项，而这个学习干扰项就是母子俩说的"失去理智"。"失去理智"在成为巨大学习干扰项的同时，还让小 D 把巨大的学习潜能也给丢掉了。干扰值增大，潜能值减小，根据学霸公式（绩效 = 潜能 - 干扰），小 D 的学习成绩一落千丈就是意料之中的结果。

理智是个好东西，怎么就丢失了呢？

你有没有注意到一个有趣的现象？一个人说自己"失去理智"的时候，好像在说自己是分裂的，是个一分为二的人。他的头脑里好像住着两个小人儿，一个小人儿想要保持理智，另一个小人儿则让理智丢失。两个小人儿在战斗，这个人是否失去理智，就看最后谁赢。

你是否有过类似的感觉，就像头脑里有两个小人儿在掰手腕？小人儿一跟你说该放下手机好好学习了，小人儿二则说再玩一会儿，就一会儿。你听从了小人儿二的话，结果一抬头，两个小时过去了。然后，小人儿一就开始批评小人儿二："你怎么这么没有意志力？你怎么就管不住你自己？你真是个没出息的家伙。"

人都是分裂的，头脑里的两个小人儿老是在战斗、在竞赛。

前言里提到的"大脑壳"提摩西·加尔韦，把竞赛分成外部竞赛和内心竞赛。他说："每一项竞赛都由两部分组成，即外部竞赛和内心竞赛。外部竞赛就是要战胜对手，克服障碍，达成外在的目标。而内心竞赛则是战胜自己。"

小 D 的故事，对处在青春期的你来说，大概并不陌生。当人们提到你这个年龄的孩子时，首先想到的词就是青春期叛逆。所谓青春期叛逆，就是说青春期的孩子跟自己的父母、老师在"战斗"、在"竞赛"，看谁能赢过谁。就算你自己没有经历过青春期叛逆，至少也听说过身边不少同学、朋友处在类似的场景中。

小 D 的成绩一落千丈，不是因为他本身的学习能力出了问题，而是因为他陷入了这种让每个人都很痛苦的"战斗"或"竞赛"的局面。

小 D 犯了错误，老师启动"战斗模式"，想要用惩罚的手段杀一儆百、以儆效尤。小 D 把检查中的字句读错，这是一种不合作，"惹不起躲得起，躲不了我不合作"，相当于启动"逃跑模式"。这在老师看来是不服从，是跟自己过不去，是在跟自己"战斗"。于是老师更加愤怒，想要用更为激烈的手段赢过小 D。后来妈妈也想用同样的方式降服小 D、赢过小 D，小 D 就又开启了与妈妈的"战斗"。

后来，小 D 继续不合作（不学习、不写作业），继续边逃跑边战斗，而且战斗姿态越来越多——玩手机、吵架，家长和老师也就继续升级战斗规模。剧情一步步被推向高潮。

整个剧情像不像孙悟空大战十万天兵天将？像不像一场每个人都拼尽全力、双方实力均等、难分胜负的足球对抗赛？——只是这场比赛没有裁判，火药味浓烈。

从这个意义上讲，小 D 陷入了一场与老师、父母比输赢的战斗或者竞赛。

小 D 陷入两线作战的境地，同时在进行两场外部竞赛，一场是跟老师、父母的外部竞赛，一场是跟同学的外部竞赛（成绩排名）。

老师和父母的种种努力——想要赢过小 D 的努力，其实都是想让他赢得跟同学的外部竞赛（好好学习，有个好成绩）。但怪异的是，小 D 因为跟他们陷入了这场竞赛，而放弃了跟同学的竞赛，"躺平摆烂"了。

怎么破这个局呢？

答案就在小 D 和妈妈说的话里。

小 D：母慈子孝

第二周，小 D 妈妈带着小 D 一起来到我的工作室。

接受咨询后，小 D 的妈妈和他的相处方式发生了一些转变。她试着跟小 D 沟通，结果被拒绝。过去一周，他们没有再发生冲突，只是小 D 还保持着不学习的状态。

刚到我的工作室时，小 D 冷眼旁观，沉默以对。这可以理解。小 D 对成年人抱有警惕，觉得大人都是一伙儿的，他以为我也是父母、老师那头的，是"敌方战队"的一员，所以满怀戒心，随时准备战斗或逃跑。

我知道需要做一些事情让他放松下来，于是说："你妈妈介绍了情况。我知道这段时间，你过得很不容易，所以难免会对我们这些大人抱有戒心。换作是我，也会这样。但我还是要感谢你能来。心里有顾虑，还能来，想必你一定有重要的理由。你如果愿意，可以说说。当然，如果不愿意，也可以保持沉默，这是你的权利。"

待了一会儿，小 D 开始说话。

我请他从自己的角度谈谈。他说了很多，主要是老师"小题大做""故意跟自己过不去"，父母"不理解自己"，"和父母无法沟通"等问题。

小 D 讲述时，仍有情绪，但讲着讲着，情绪逐渐平复下来。

我问他："你刚才讲的是你不想要的，老师和父母的做法是你不想要的。如果我没猜错，这些不想要的背后一定有一些期待。这些期待是你想要的，那么你想要的是什么？"

小 D 说："我想要他们不这样对我，别小题大做，别不可理喻。"

我说："我注意到你用了'不'字，这仍然是在表达不想要什么。如果用其他词语表达，去掉'不'字，那么，你真正想要的是什么？"

小 D 说："我想要面子。我犯错了，认罚。可是我想要他们在处罚我的时候，给我留一点尊严，留一点面子。"他的后半句话，几乎每个字都加了重音。听得出来，他很在意这个，很重视这个。

我问道："小 D，我试着理解一下，你真正想要的是尊严，或者叫面子，是这样吗？"

小 D 很肯定地说："是的，老师，我想要的是尊严。"

我继续问："那么，我们一起探讨一下，一个想要尊严的年轻人，在现在的局面下，要做哪些不一样的事情，才能真正得到他想要的尊严呢？"

小 D 有些茫然："我不知道。"

我说："我换个问法。你今年 13 岁，20 年之后，你 33 岁，是一个真正的大人了。33 岁的你想要成为什么样的人，在哪里生活，生活得怎么样？达成这些目标后，你就会给自己点赞，觉得自己是好样的，有面子，有尊严。"

小 D 回答说，33 岁的自己将生活在北京或上海等一线城市，会有一份比较好的工作，"自己喜欢，收入也挺高"，也许结婚了，也许没有，但是"有能力给父母养老"。小 D 说这些的时候，我注意到他妈妈在擦眼泪。

我拉过一把空椅子，放在小 D 和我中间，继续问："那么，假如 33 岁的你穿越时空来到这里，就坐在这把椅子上。13 岁的小 D

对如何获得尊严有些困惑，我们请 33 岁的小 D 给 13 岁的小 D 一点建议，你觉得 33 岁的你会给现在的你什么样的建议？他会建议你做哪些不一样的事情，让你得到想要的尊严？"

小 D 沉默了一会儿，用少年特有的澄澈的眼神看着我说："老师，我知道了。"又转头对妈妈说："妈，对不起，这段时间我失去理智了，我迷失自我了。"

他的妈妈流着眼泪说："儿子，应该是妈妈向你说对不起。妈妈也失去理智了。"

小 D 的故事还没结束，但我先透露一下结局：那天之后，小 D 重新开始正常学习，而且比之前更加努力；他和妈妈的矛盾解决了，他和老师的矛盾也解决了。

就在我开始写这本书之前不久，2022 年夏天的某个酷热的上午，我接到了小 D 打来的报喜电话，他告诉我他收到了北京一所"双一流"大学的录取通知书。

（1.4）成为学霸：怎样才会有不竭动力？

聪明的你，一定发现了我在和小 D 对话的过程中从来没有在小 D "不想要的"东西上浪费时间。

当小 D 说老师"小题大做""故意跟自己过不去"，父母"不理解自己"，"和父母无法沟通"等问题时，我没有接茬。正是因为老师和父母对小 D 做了他"不想要的"事，所以他才跟他们陷入了外部竞赛。同样，因为小 D 做了老师和父母"不想要的"事，老师和父母也才陷入了跟小 D 的外部竞赛。他们之间的"战斗"因此而起，所以我不想再为此浪费时间和精力。

对此，我做的工作是提出新的问题，我问的是："在这些不想要的背后，你想要的是什么？你真正想要的是什么？"

我做的事情是把小 D 的注意力引导到另一个方向。他之前太过关注跟老师、父母的外部竞赛，我通过提问，让他开始把注意力放在自己的内心竞赛上。

关于内心竞赛，提摩西·加尔韦的说法是，内心竞赛是一场在心里进行的竞赛，是心里的小人儿一和小人儿二的竞赛，内心竞赛的目标是改掉阻碍我们全力发挥的负面心理习惯。

小 D 分别与老师和父母进行了一场要论个输赢但注定没有赢家的外部竞赛，因为他们首先输掉了各自的内心竞赛：他们每个人都易怒，都在指责别人。这直接导致了小 D 在跟同学的外部竞赛中输掉——成绩一落千丈。

而我对小 D 妈妈和小 D 做的工作，正是让他们开始关注自己的内心竞赛。其中，探讨他们各自"想要的"和"真正想要的"，就是协助他们赢得内心竞赛的办法，从而让他们"恢复理智"。而且，有趣的是，当他们分别赢得了自己的内心竞赛之后，他们也都赢得了各自的外部竞赛：小 D 不仅和父母言归于好，后来也跟老师握手言和，他的成绩也很快上升，几年后他还考上了"双一流"大学——他们都赢了。

⑴.⑸ 小 H 故事之考试恐惧

小 H 是个女孩，上高二，她是个名副其实的学霸，她的成绩在班上要么排第一，要么排第二。

她父母带她来找我时，正是期中考试期间。在考数学时，小 H 因为过度紧张晕倒在考场上，也就没办法参加后面的考试。

来到我工作室的小 H 一脸憔悴，她已经连续失眠好几天了。

在小 H 的父母介绍完情况后，我问她感觉如何，是否能进行对话。她点头说可以。她说了很多，有很多担心的事：主要是学习压力大，班里高手如云，每个人都铆足劲儿在拼，第一、第二的名次她随时都可能失去。她特别提到一位竞争对手，说那个同学非常聪明，人家看起来并没有她那么努力，但成绩一直跟她不相上下。她经常会做同一个噩梦：自己被那个同学远远甩开，甚至被那个同学嘲笑。她说每次考试她都很紧张，而且现在有了新的令她担心的事：如果高考时再晕倒，"这辈子就完了"。在考场上，她也一直努力让自己放松下来，可是越想放松就越放松不了，发现放松不了就变得更紧张。然后，她就觉得自己真没用，从而更加懊恼，又想到这样下去，考试就会完蛋，自己就没脸见人了。就在这时，她一下子失去了知觉，晕倒在考场上。

在小 H 的故事里，你有没有再次看到小人儿一和小人儿二？它们在打架，在竞赛，在掰手腕，而小 H 在分裂。

等小 H 说完之后，我也问了她一样的问题："你刚才说的，都是自己不想要的，那么，你想要的是什么？"

小 H 说，想要考试时不紧张，想要考试时放松下来。

我继续问她："孩子，你真正想要的是什么？在考试时放松的背后，你更大的期待是什么？"

她说，想要有个好成绩，考上好大学。

我继续问："嗯，考上好大学。我猜在考上好大学的背后，你还有更大的期待，那会是什么呢？你真正想要的是什么呢？"

小 H 说，幸福快乐的生活。

同样，我也请她描绘了 20 年后自己达成目标之后的样子，也就是她幸福快乐地生活的样子。做了这些工作之后，我也请 20 年后的小 H 穿越时空来到当下，给 17 岁的她一些建议，关于考试的建议。

小 H 的脸上有了微笑，她说："20 年后的我一定会说，一次考试决定不了什么，赢了小 G（她的那位竞争对手）不见得就会快乐幸福,输给小G也并不能说明以后不会幸福快乐。就算高考成绩不理想又能怎样?那也不能决定20年后的生活呀。而且,只要我放松下来,以我的成绩,能差到哪儿去呢?这种话,我爸妈和老师跟我说过好多次了,我现在才真的明白了。"

小H此时真的放松了下来,微笑长久地停在她的脸上。后来,咨询又进行了几次。在后续的考试中,她仍然有些紧张,但用她的话说,"可以接受,不影响发挥"。她在外部竞赛中的成绩仍然数一数二,而且她和竞争对手小G成了无话不谈的朋友。

小H的麻烦跟小D的麻烦有所不同,但他们解决麻烦的方式却如出一辙:先赢得内心竞赛,然后赢得外部竞赛。

关于学霸,你所不知道的第一个秘密

当提到"学霸"这个词时,很多人首先想到的就是赢得外部竞赛的那些学生——他们的成绩非常好。

人们容易忽略的是,在学习上,在人生之路上,外部竞赛无处不在,内心竞赛也在同时进行,也是无时无处不在的。而那些真正的学霸,那些真正的人生赢家,其实都是先赢得自己的内心竞赛,然后才赢得外部竞赛,或是在内心竞赛和外部竞赛中同时获胜。只有赢得自己的内心竞赛,你的干扰项才能最大限度地减少,你的潜能才能得到最大限度的挖掘,在这之后,赢得外部竞赛就是顺其自然、顺理成章的事。

学霸赢得内心竞赛,进而赢得外部竞赛的原因可归纳为3个秘密。

这里介绍第一个秘密,即真正的学霸不会在"不想要的"上浪费时间,他们会把注意力放在"想要的"和"真正想要的"上——就像我让小D以及小H做的那样。

"不想要的"是问题，是你的麻烦，是你的干扰项；而"想要的"则是你内心渴望的目标；"真正想要的"是你内心真正渴望的目标，它是你的动力来源之一。当你把注意力放在内心真正渴望的目标上时，你将不再分裂，你头脑里的两个小人儿会握手言和，你也会赢得内心竞赛，进而赢得外部竞赛。

　　总而言之，真正的学霸会把注意力聚焦在内心真正渴望的目标——"真正想要的"上，用英语表达就是 want。

第 2 章 | 缺点让人寸步难行，资源使人一飞冲天

 2.1 极度自卑的倒数第一

高一学生小 Z 被勒令回家反省一周，因为他不好好学习，老是偷玩手机。

这已经不是第一次了。小 Z 的爸爸觉得以平常的方式已无法改变小 Z，于是带他来到了我的工作室。介绍完情况后，爸爸把小 Z 单独留下，自己出去办事了。

我们相互熟悉之后，小 Z 逐渐放松下来。我问他今天想要探讨什么话题，想要获得什么帮助。

小 Z 想了想，说："还是说学习吧。"他讲了自己目前的学习情况：最近一次考试中，他的总成绩是 170 分左右（满分 750 分），在班里排在第七十九名，倒数第一。

在谈到两年之后的高考目标时，他说希望能考到 400 分，争取读个二本院校。但我注意到他说到高考目标时，明显底气不足。我便请他思考，要想达成目标，目前最需要提升的是哪方面。

小 Z 没头没脑地回答："我是个自卑的人。"

我说："你是说你的自信程度有待提高，是这样吗？"

小 Z 说："是的。"然后他说到父母经常对他不满意，常说他什么都不行；也提到小时候被关进黑屋的可怕经历；还说总感到老师和同学看他时眼神里充满鄙视；等等。

我陪着他，让他把那些令人痛苦的记忆说出来，然后问他："自卑是你不想要的，那么你想要的是什么？"

小 Z 说："自信。"

我请小 Z 给自己的自信程度打分。他渴望的最自信的状态是 10分，相反的状态是 1 分，我问他当下的自信程度是几分。

小 Z 说："3 分？"

我问他："为什么是 3 分而不是 1 分？你给自己的自信程度打3 分的证据是什么？"

小 Z 开始寻找自信的证据，每找出一条，我就继续问："还有呢？"他最后找出了 6 条自信的证据。在这个过程中，他的眉头越来越舒展，笑容慢慢洋溢在脸上，而且越来越灿烂。后来，他有些疑惑地看着我说："老师，你好像耍了个花招儿。我刚开始说的是我自卑，可是你一直让我找自信的证据。"

我说："你很聪明，发现了我的花招儿。这是你想要的吗？还想继续吗？"

小 Z 说："继续！"

后来，我请小 Z 再次评估自己的自信程度，他说大概能达到5 分。

我继续问小 Z："你经历了那么多，被大人多次否定，常想起被关进黑屋的可怕经历，几年来在学习上遇到那么多困难，这真的很不容易。我很好奇，这么不容易，作为一个孩子，你是怎么让自己仍然保持 3~5 分的自信程度的？你是怎么做到的？"

小 Z 看着我，沉默了很久，说："老师，我不知道。"

我看着他，沉默地等待。

过了一会儿，小 Z 开始说话。他说了很多，比如他不想认输的骨气，作为独生子想要为父母做些事的孝心。他也明白父母其实并非只是打击、否定他，也非常爱他，也曾多次鼓励他。

之后，小 Z 又来找我咨询过 3 次。3 次中的第一次，我们谈的是他和父母的关系，第二次和第三次谈的内容才跟学习直接相关。

两个月后是期末考试。考试后，我接到小 Z 的电话，他说自己的成绩跃升到全班第三十二名。我很惊讶，问他在这两个月的时间里经历了什么，是怎么做到的。

小 Z 说，咨询之后他变得更有力量了，"之前我的天空常常阴云密布，现在经常是阳光明媚、万里无云。我的学习效率也提高了很多"。

他还找到了独特的学习方法：晚上回到宿舍躺在床上时，他会用"冥想"的方式让自己静下来，回忆当天的学习内容。

2.2 每个人的心里都住着两匹狼

在冰雪茫茫的北方，有一个古老的民族，那里流传着一个古老的故事。

一天，爷爷和孙子围炉夜话。爷爷说："一场战斗在我的内心进行着，这是一场两匹狼之间的可怕战斗。一匹被称为恶，它是愤怒、嫉妒、悲伤、悔恨、贪婪、憎恨、谎言、自大、虚荣、傲慢、自怜、内疚以及自卑的化身。另外一匹被称为善，它是喜悦、平和、爱、希望、宁静、谦逊、友好、仁慈、同情、慷慨、真实、慈悲以及自信的化身。"

爷爷低头看看孙子，接着说："同样的战斗，也在你的内心进行着，甚至在每个人的内心进行着。"

听完爷爷的话，孙子沉默不语，若有所思。

过了一会儿，孙子问道："最后，哪一匹狼赢了呢？"

饱经沧桑的爷爷回答道："你喂养的那匹！"

小 Z 之所以能取得那么大的进步，跟他开始喂养另一匹狼有关。

在我们谈话之前，小 Z 更多地把注意力放在自己的缺点上，关注的都是自己"缺什么"，他一直在喂养"自卑"这匹狼。

当他把注意力放在自卑上时，他会因为自卑而进一步感到自卑——先是因为觉得自己"内向""胆小""学习成绩差"而自卑，然后会进一步因为自卑而自卑："看到别人都那么自信，而我却这么自卑，我真没用！"所以，他关注自卑，只会让自己更加自卑，从而陷入自卑的泥潭不能自拔。这是一个持续不断的喂养过程，"自卑"这匹狼也就越长越大，日渐吞噬他的内在力量，让他在内心竞赛中落败，进而干扰他的外在学习行为，影响他的学习结果，又导致他在外部竞赛中落败。接下来，因为在外部竞赛中落败，他更加自卑，导致在内心竞赛中再次失败。恶性循环就这样形成了，像是咬住自己尾巴的蛇，首尾相接，循环不止。

在对话过程中，我"耍了个花招儿"，没有和他谈论他的自卑，相反，我在他不知不觉间谈论的是他的自信——不是"缺什么"，而是"有什么"。我"耍的花招儿"其实就是引导他把注意力放在另一个地方。在这之前，他甚至都没有注意到自己还有自信的一面，没有看到自己心里住着另外一匹叫作"自信"的狼。他说自己自卑，我却请他给自己的自信程度打分，他打的是 3 分。这大概是他第一次注意到这匹狼，第一次评估这匹狼的战斗力。

我请他详细探讨自信的证据（"有什么"），列举出可表明他自信的种种迹象（"有什么"）。这个谈论的过程就是喂养的过程。在这个过程中，不同的事情发生了。当一个人开始非常细致地看待自信的部分时，他很可能开始因为自信而自信——"原来我还有这么多做得好的地方，原来我是个有些自信的人呢"，从而变得更加自信。然后，我请他再次评估自信程度，他的评分上升到了 5 分——先是被看见，继而被喂养，这匹狼在长大。

对话结束时，我请他回去后继续把注意力更多地放在那匹叫作"自信"的狼身上，于是就有了后来的结果："之前我的天空常常阴云密布，现在经常是阳光明媚、万里无云。""自信"这匹狼经过持续的喂养，长大了；而"自卑"那匹狼则因为很少再被喂养，力量变弱，被打败了。

② 2.3 内心的障碍比外部的障碍更令人生畏

细致的你，大概已经看到了我在小 Z 的故事开头给两句话加了着重号，其中一句是小 Z 的话"我是个自卑的人"。

这是一个肯定句，表达的意思非常肯定，没得商量，就像有人指着一头牛说"那是一头牛"，指着一块石头说"那是一块石头"。也就是说，牛永远是牛，石头永远是石头，它们不可能变成另外的东西。小 Z 说"我是个自卑的人"，意思就是"我就是这个样子，我永远不可能变成其他样子"。

在咨询过程中，一开始，小 Z 想要谈论的是他的外部竞赛——他的学习。但是，当我问他需要提升哪些方面时，他说到了自己的自卑。实际上，小 Z 很清楚困住自己的首要问题是什么，他知道自己之所以在外部竞赛中落败，是因为在内心竞赛中失利。

外部竞赛与学习技能有关，比如，怎么预习，怎么听课，怎么复习，怎么刷题，怎么考试，等等。内心竞赛则与内心状态有关，比如，怎么评价自己，自信程度如何，应对挫折和压力的能力如何，等等。

提摩西·加尔韦说："真正的对手不是比赛中的对手，而是自己头脑中的对手。"

威尔马·鲁道夫曾被誉为"地表最强女运动员"。在1960年罗马奥运会上，她赢得3枚短跑和接力赛金牌。但年幼时的威尔马·鲁道夫绝对称不上体质条件好。她是个早产儿，她父母生了22个孩子，她排行20，出生后经常生病。4岁时，她两度罹患肺炎，几乎死掉。她还感染过猩红热，小儿麻痹症也导致她的左腿几乎瘫痪。医生认为，她这条腿能再走路的希望渺茫。长达8年的时间里，她不得不接受物理治疗，直到12岁时，才脱下左腿辅具，开始正常行走。毫无意外，她首次参加田径比赛时，每一场都输了。

但最后，威尔马·鲁道夫还是成了"地表最强女运动员"，因为她从来没有用一般的肯定句说过自己"是个没有运动能力的人"。她用的是另一种肯定句："我只想被世人记得，我是一个非常努力的女性。"

斯坦福大学心理学教授卡罗尔·德韦克把人的内心竞赛模式分为两种，一种是定型心态，一种是成长心态。定型心态者认为，人的天赋、性格、品质是固定不变的；而成长心态者认为，人的天赋、性格、品质是可以通过后天的练习而发生改变的。

卡罗尔·德韦克扫描了那些正在处理高难度任务的人的大脑，发现定型心态者和成长心态者的大脑反应存在显著差异。当面对难题时，定型心态者的大脑完全不活跃，就好像他们会过滤掉所有输入的信息。他们相信天赋、性格、品质是不可改变的，所以不相信自己能解决难题。因此，他们的大脑就不会浪费精力去尝试。

相比之下，在面对难题时，成长心态者的大脑会做出强烈的反应。他们的大脑会活跃起来，并一直保持这种状态，这最终会带来显著的成果。成长心态者在工作、学习中会更努力、更有毅力，在面对复杂的挑战时，会努力寻求解决问题的策略和方法。

聪明的你，到这里大概已经看出我对小Z"要了不止一个花招儿"。我对他"耍的另一个花招儿"是，在不知不觉间打破他的定型心态，引导他走向成长心态；对于他说的"我是个自卑的人"，我的回应是："你是说你的自信程度有待提高，是这样吗？"

少年，我想跟你说的是，你还是个少年，多幸运呀！你不是一个成品，而是一个在制品，一个正在持续成长的人。你有无限的可能，请不要自我设限，把自己困在笼子里。

一根细绳可以拴住一头大象

1967 年，美国心理学家塞利格曼和他的同事做了一个有些残忍的实验。他们对狗实施电击，观察在不同的情况下会发生什么。

他们把这些无辜的狗随机分成 3 组：第一组为可逃脱组，第二组为不可逃脱组，第三组是无束缚的控制组。

前两组的狗都会被束缚起来。可逃脱组的每只狗的头部两边有一个鞍垫，实施电击的时候，这些狗会乱动，当它们的头挤压鞍垫时，电击就会停止。不可逃脱组的狗的头部两边也有鞍垫，但不同的是，当电击开始后，无论它们怎么挣扎，电击都不会停止。第三组的狗则不会被束缚。

实验分成两个阶段。在第一个阶段，研究人员对狗实施电击，在 90 秒的时间里，狗被电击了 64 次。电流的强度足以让狗感到痛苦，但不会伤害它的身体。可逃脱组的狗受到电击后会迅速挣扎，当它们的头挤压鞍垫时，电击停止。狗逐渐学会了控制电击，到后面，它们被电击的时间迅速缩短。无束缚的控制组的狗，则在受到电击的时候很快跑掉。

但不可逃脱组的狗在做了 30 次左右的尝试，发现自己无论怎么做都不能终止电击之后，就完全放弃尝试，不再想任何办法来试图逃脱。

24 小时后，实验进入第二阶段。

3 组狗都被关在更大的笼子里。笼子中间用隔板隔开，狗可以轻易跳过隔板。笼子底部的一边可以通电，另一边不能通电。研究人员把 3 组狗分别放在可以通电的一边，当电流通过笼子底部的时候，可逃脱组的狗和无束缚的控制组的狗受到短暂的惊吓后，立刻奋力一跳，逃到安全的那一边。但不可逃脱组的狗却倒地呻吟和颤抖，绝望地承受着电击，没有主动尝试逃脱。不可逃脱组的狗的表现被心理学家称为习得性无助，而这一实验就是习得性无助实验，如图 2-1 所示。

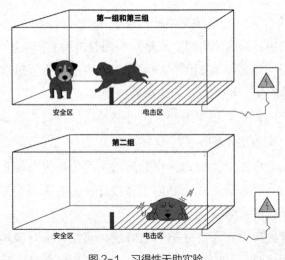

图 2-1　习得性无助实验

研究人员发现，即便离开实验用的笼子，无助狗与普通狗的行为仍有不同。当研究人员打开笼子要带走一只普通狗时，它可不会乖乖配合：它狂吠起来，拒绝受人摆布。相比之下，无助狗则萎靡得多，消沉地瘫在笼子里，顶多偶尔翻一下身子，姿态顺从，不会抵抗。

心理学家的兴趣当然不在狗身上，他们想要研究的是人，他们也在人身上发现了习得性无助，而且习得性无助会破坏学习能力。

1975 年，塞利格曼又对大学生进行了一个实验。他把大学生分为 3 组：第一组大学生听一种噪声，他们无论如何都不能让噪声停止；第二组大学生也听这种噪声，不过他们可以通过努力使噪声停止；第三组大学生是对照组，不听噪声。他们在各自的条件下完成实验的第一阶段之后，就进入了实验的第二阶段：实验装置是一个穿梭箱，受试大学生把手指放在穿梭箱的一侧时，就会听到强烈的噪声；把手指放在穿梭箱的另一侧时，噪声就会停止。

实验结果表明，在第一个阶段能通过努力使噪声停止的受试大学生，以及未听噪声的受试大学生，在第二阶段学会了通过把手指移到穿梭箱的另一侧来使噪声停止；而在第一阶段无论怎样努力都不能使噪声停止的受试大学生，进入实验的第二阶段后会放任刺耳的噪声持续，却不把手指移到穿梭箱的另一侧。

为了检验习得性无助对学习能力的影响，塞利格曼又做了另一个实验。他要求受试大学生玩 20 个字谜游戏，把给出的字母组合排列成单词，比如字母组合 ISOEN、OCHKS、OURPG 等可以排列成 NOISE、SHOCK、GROUP 等单词。这些字谜实际上有同一种解法，只要按 5—3—1—2—4 的顺序重新排列字母就行，这对以英语为母语的美国大学生来说难度并不大。但是实验结果表明，在此前的实验中产生了习得性无助的受试大学生很难完成这一任务。

现在你知道小 Z 原来的学习成绩为什么那么差了吧？

在小 Z 的过往经历中，他听到过很多噪声，那些噪声最先来自大人的批评和指责，后来变成他自己头脑里的内部噪声。在大人不在的时候，在大人没有批评指责他的时候，他头脑里的一个小人儿接过了大人手中的接力棒，继续经常性地批评指责他。小时候，他没有力量让噪声停下来，他既无法阻止来自大人的批评指责，也没办法叫停来自自己头脑中的小人儿的批评指责。后来，他有力量让噪声（无论是外部的还是内部的）停下来了，但是他自己却并不知道。

一个旅行者遇到一群已被驯化的大象，他看到的情景让他感到迷惑：大象既没被铁链束缚，也没被囚笼困住，仅有一根系在木桩上的细绳拴住了大象的前腿。显然，只要大象愿意，它们随时都能扯断那根细绳。然而，它们始终被拴在那里，在细绳长度允许的范围内活动。

看到大象训练师走过来，旅行者便问："为什么这些大象不逃走呢？"

训练师笑了："你觉得这根绳子太细了吗？其实，它们是不会逃走的。"

"为什么？"

"因为这群大象在很小的时候就被细绳拴住了前腿。那时它们试图挣脱，却没有成功。后来虽然它们渐渐长大，但是它们在幼年产生的固定认知依然存在，那就是'这根绳子是无法挣脱的'。"

拴住大象的是一根细绳，困住小 Z 的是各种噪声：外部的噪声（大人的批评指责）、内部的噪声（"我是个自卑的人"这种定型心态以及各种自我批评、自我否定和自我指责）。这些噪声一起拧成了拴住小 Z 这头大象的细绳，让他在内心竞赛中失利，也在外部竞赛中失利。

小 Z 当然可以抱怨父母和老师，抱怨他们给自己拴上了绳子，他有时候也确实会这么做。但一头看得到自己的力量的大象不会只知道抱怨，因为抱怨本身也是绳子的一部分。一头看得到自己的力量的大象会使用自己的力量，迈开双脚，挣脱绳子——那根自以为很粗，其实很细的绳子，奔向属于自己的广阔世界。

我在和小 Z 对话时所做的工作，就是让他看见自己作为一头大象的力量。当我"耍花招儿"让他列举表明他自信的证据时，我就是在做这件事，就是在协助他赢得内心竞赛。

在我们对话之后的日子里，他也开始了类似的自我对话，开始了自我激励。从此，他挣脱了束缚，获得了掌控感，变得自信起来，获得了属于自己的自由。

2.5 关于学霸，你所不知道的第二个秘密

人们常常只看到学霸在外部竞赛中获胜，看到他们屡屡获得好成绩。人们没有看到的是，学霸首先是在内心竞赛中获胜的人。

真正的学霸不会纠结于自己"是什么样的人"，那是定型心态，是学习干扰项。他们会聚焦于自己"可以成为什么样的人"，这是成长心态，是学习潜能项。

真正的学霸不会把注意力放在自己的缺点上，不会聚焦于自己"缺什么"，因为那是学习干扰项，只会让自己产生习得性无助，让自己失去信心。他们会把注意力放在自己的内在资源、内在力量上，找到自己"有什么"，让自己获得信心，获得掌控感，这便是学习潜能项。每个人都有内在资源，都有内在力量。这些资源和力量一直都在，只是人们往往会因为把注意力过多地放在缺点上而忽略了它们。当内在资源和内在力量被看见、被激活，它们就能帮助人们激发出无限的潜能。

学霸赢得内心竞赛，进而赢得外部竞赛的第二个秘密就是：把注意力放在自己的内在资源和内在力量——自己"有什么"上，5W模型的创立者史占彪教授用英语单词 work 来表达它。

第 3 章 | 伪努力让学习步履维艰，好习惯为学习插上翅膀

学霸的神话：天赋异禀还是后天习得？

X 是我的高中同学，当时赫赫有名的学霸。

当年，每次下课，X 都是第一个冲出教室的家伙，晚自习后也是第一个跑回宿舍胡闹的人。更过分的是，他上课时经常旁若无人地睡大觉。即便如此，他的学习成绩也总是排在前列。我们以严厉著称的班主任公开宣称："谁都可以上课睡觉，只要你有 X 的本事。"但其他人都没有 X 的本事，所以只能眼睁睁看着 X 抱着"免死金牌"上课睡大觉。

有不少同学也想要这本事，向 X 讨教学习方法。X 总是说一些"没啥方法呀""该看书看书，该刷题刷题"之类的废话。别人如果说他藏着掖着，他就会着急到口吃地辩解："没……没有，真……真没有藏着掖着。"以 X 的为人，藏着掖着也确实不像他的风格。

于是，X 为什么是学霸就成了玄学。人们一般认为，练武奇才一定骨骼清奇、天赋异禀，即便小时候流着鼻涕，长大了也自然是

武林高手，毕竟是天选之人嘛。

直到多年后的一次同学聚会，我们才把这门玄学看破，才把这个有关"天赋异禀"的神话戳破。

那天，酒过三巡，一帮中年人开始怀念少年时光。

大家说到 X 当年如何贪玩，如何贪睡，但学习成绩却很好的事。所有人都为此愤愤不平，觉得老天不公：其他人贪玩，成绩就差；偏他贪玩，却仍然有好成绩，真是"老天爷赏饭吃"。

这时，一位女同学提出了异议。她说我们只看到 X 贪玩贪睡，却没看到人家贪学。她举了个例子，说有一次班里两个男同学打架，他们的座位和 X 的相邻。旁边闹翻了天，X 却照样在用功学习。

这位女同学虽然人到中年，但看向 X 时仍然像当年那个"小迷妹"："真牛，你的注意力怎么就那么集中呢？"

X 听后却说："你那注意力也'没谁了'。有一次上自习课，我跟那谁低声讲笑话，和我们隔着两排的你都在捂着嘴偷笑。你装模作样地学习，其实注意力根本没在学习上。"

"小迷妹"表示记不起这件事了，但是却认同 X 对她注意力的评价。她说自己经常处在与注意力"拉锯"的状态：注意力跑掉了，她拉回来；注意力再跑掉，她再拉回来……

(3.2) 戳破天赋异禀的学霸神话

作为中学生，你可能已经听说过各种学霸传说，越到高年级，你就会听到越多的学霸传说。可能在自己班里，也可能在其他班里，总会有那么几个人像 X 一样，学得好像并不多，但人家的成绩却总是遥遥领先。

如果你也像当初的我们一样，觉得这些人骨骼清奇、天赋异禀，你就陷入了上一章所说的定型心态。

拥有定型心态的人觉得天赋、能力等都是固定的，不会有变化；面对学霸时只能羡慕，觉得自己天生不是学习的那块料，不觉得自己也能成为那样的人。但实际上，他们也和你一样是流着鼻涕长大的。

其实，那些学霸经常会进入一种学习状态，类似 X 的那种学习状态，这种状态被心理学家称为"心流"。

心流这个词，你以后会经常听到，把它说清楚得费一些工夫。在解释它之前，先告诉你两件事：一件事是研究发现，在心流状态下，人的学习能力飙升了 230%；另一件事是，经过练习，你也可以进入心流状态。而"3W 学霸思维法"和"学霸 8 步法"，就是为你提供的一种思维方法和一张行动路线图，可助力你在学习中更频繁地进入心流状态。

所谓心流，用一句简单的话解释就是，一个人完全沉浸在某种活动（如学习）中，无视其他无关事物的状态。

你一定听说过"快乐学习"吧，可能还会觉得这不过是大人的谎言。但实际上，心流状态下的学习就是快乐学习。用"心流理论之父"契克森米哈赖的话说，这种学习体验本身会带来莫大的快乐，是幸福的代名词。在拥有莫大的快乐和幸福的状态下学习，学习效率是平常的 2.3 倍，经常这样学习的话，不想当学霸也难。

根据契克森米哈赖的研究，心流有 9 个要素。

挑战难度和行动能力的平衡

学习带来的挑战难度和学习者的行动能力应恰好相当，达到某种程度的平衡。以下棋为例，如果双方实力悬殊，就毫无乐趣可言。水平低的一方会焦虑，水平高的一方会觉得无聊。学习也是一样的，如果题目的难度太大，你就会有挫折感；而如果一直做太简单的题，你就会感到枯燥乏味。学习目标应带有一定的挑战性，但你跳一跳又够得着它，这时学习的乐趣才会出现。

知行合一

行动和想法完全一致，你做一切动作都不假思索，无法再把自己和自己所做的事情区分开来，人和行动完全合一，就像武林高手一般，实现了"人剑合一"。

目标明确

明确的目标告诉我们该在什么时候把注意力集中在什么地方。如果我们的目标足够明确，大脑就不必忧虑接下来要做什么——它已经有了答案。这样一来，我们的注意力会更集中，动力会更足，学习干扰项会被过滤掉，我们会释放出更多的能量以集中注意力。

即时反馈

你在做题时，每写下一个解题步骤，就知道离最终解开这道题近了一步，这就叫即时反馈。明确的目标让我们知道努力的方向，而即时反馈带来的信息，则让我们知道自己正走在达成目标的路上。

完全专注

将注意力完全聚焦在手头的任务上，把生活中所有不快乐的事忘得一干二净，专注于当下。

掌控感

在心流状态下学习，你会感觉自己是学习的主人，你一点也不担心失败，你有足够的信心，相信自己能完全掌控学习的过程。

浑然忘我

在心流状态下，你的自我意识都消失了，你不再自我批判，不再自我怀疑，头脑里的两个小人儿不再争斗，你会体验到一种自由。

时间感异常

时间要么变慢，好像定格了一样；要么变快，明明已经过去了5个小时，却像刚过了5分钟一样。过去和未来仿佛都消失了，你完完全全地活在当下。

自成目标的体验

自成目标的意思是，你所做的事本身就是你的目标。你在学习，但不是为了考高分，不是为了当学霸，而是为了学习而学习，学习让你感到无比愉快，学习让你欲罢不能。这是一种强烈的内在激励，能让你全身的每个细胞都给你提供动力。你正在刷的题变得令人愉快和富有意义，以至于刷题本身成了莫大的快乐，这样好成绩会自己送上门来。

对照以上 9 个要素，你会发现 X 当时就处在心流状态之下，他的学习潜能最大限度地得到发掘，学习干扰项最大限度地减少。心流状态就是内心竞赛和外部竞赛的巅峰状态。

③.3 伪努力是一种病

相比之下，我的那位女同学，X 的那位"小迷妹"，看起来很努力，确实也很努力，但那实际上是一种伪努力。

当年"小迷妹"几乎把所有时间都用在了学习上，她所做的课堂笔记工整、完备，常会被其他同学借去参考。可惜的是，她这么用功，成绩却一直在中等徘徊。她曾多次自怨自艾，认为自己不够聪明——请注意，她像小 Z 一样在自我否定、自我指责，她头脑里的两个小人儿在打架，她也在内心竞赛中遭遇了挫折。

在大量的学习时间里，因为她在内心竞赛中遭遇了挫折，所以她的专注度是不够的，一点儿风吹草动就能把她的注意力带走。而在别人休息的时候，她仍在低效地学习——学没学好，玩也没玩好，很辛苦，但很低效。她践行了"学海无涯苦作舟"，却没到达好成绩的彼岸。

如果与心流的 9 个要素相比照，你会发现，"小迷妹"的学习过程几乎跟每一个都相悖。

伪努力是一种通俗的说法，提摩西·加尔韦把它叫作"拼命努力的紧张学习方式"。他总结了这种学习方式的特征，具体如下。

批评或评判过去的行为

"小迷妹"在学习时就是这样的，她的内心不断出现批评自己的声音，比如，"我今天怎么又不能专注？为什么刚才那道题我又做错了？我真笨……"

小D在"鸡飞狗跳"阶段也是如此，他与父母、老师相互批评、相互攻击，同时他也自我指责。在咨询中，妈妈说她在指责孩子的同时也在自我指责，比如，"我真是个没用的妈妈，连孩子的事都搞不定""我怎么生了这么个孩子""我怎么又乱发脾气了"。

小D也说到他在玩游戏时，一边玩一边懊恼，比如，"我真没用，但没用就没用，就这样吧""他们真可恨"；学习时也是如此，比如，"他们这么对我，不公平""我还是得学习，但我不学他们也拿我没办法"。

小Z学习时也处于这种状态，打开书本后总是感到沮丧、思绪纷乱，比如，"我真没用，谁都比我强""这道题我又不会做，我是这个世界上最没用的人"。

小H考试时，时刻都在焦虑，比如，"我得好好考""他们都很强""我要是考差了，就没脸见人了""我怎么又紧张了"。

不断重复地命令自己（他人）做出改变

"小迷妹"："不行，我得集中注意力。"

小D："他们不应该那么对我。不行，这样下去我就完了。"

小Z："我得振作起来，得像个男子汉。"

小H："放松，放松……完蛋了，我怎么又紧张了。放松，放松……"

努力确保自己做得正确

在伪努力的状态下，我们头脑里的两个小人儿在不停地打架，一个在说"你要这么做""你应该那么做""你不准这么做，你只能那么做……"，另一个则在反抗。于是我们更做不到，而负责指责的小人儿又开始发话："你怎么又没有做到？"

批评或评判结果，陷入恶性循环

在伪努力的状态下，我们都在批评自己或别人，要么头脑里的两个小人儿一个在指责、一个在反抗，要么指责别人，又受到别人的指责。每走一步，我们总会发现错误的行为和结果，于是进一步指责自己，或同时指责别人。这些情绪和内心的声音都会分散注意力，让我们无法把精力放在目前的学习或考试任务上，从而造成我们不想要的结果。看到不想要的结果，我们会更加沮丧，然后开始指责，从而陷入恶性循环。

前面提到的每个人都很努力，即便是在"鸡飞狗跳"阶段近乎"躺平摆烂"的小 D 也并非不努力，他和父母、老师在相互指责、想要战胜对方的过程中可以说都使出了全部的力气。但他们越努力，离自己想要的结果就越远。

好习惯：低成本、高效能地学习

了解了这么多，你一定迫切想要进入类似 X 的那种心流的学习状态，而告别类似"小迷妹"的伪努力的学习状态。怎么样才能做到呢？

是时候说说习惯了，好的学习习惯会使你更容易进入心流状态。

所谓习惯，就是你在不知不觉间会自动做的事情，是你的"自动驾驶模式"，是成本最低、效能最高的学习行为的集合。

X一到学习的时候，就会自动进入高度专注、不受打扰的状态。专注，对X而言是习惯行为。而他的"小迷妹"想要把注意力放在学习上，则需要进行更为复杂的操作。专注对她来说不是习惯行为，而是有意识的决策行为，她需要不停地告诉自己："我要专注，我要专注。"

　　人的行为分为两种。一种是不需要动脑的自动自发行为，也就是习惯行为。比如，你每天刷牙洗脸，压根儿不需要思考，即便起床后还睡眼蒙眬、迷迷糊糊，也会走到洗漱台做出一连串动作。另一种则是决策行为，我们做出这种行为时得动脑子，得下决心，大脑得承担负荷。比如，你做作业时，要思考先做数学作业还是语文作业。

　　习惯行为和决策行为，在所需耗费的力气方面差别很大。

　　习惯行为是自动的行为，不费劲是它的独特属性。X学习时的专注就是这样的，他自己都不知道那是怎么发生的，只要打开书本，他就像个机器人一样自动进入学习状态。

　　而"小迷妹"想要投入学习，则要花费比X多得多的力气。

　　她得先做出一个决定——要专注，然后做出相应的集中注意力的行为——深呼吸、排除杂念等，得到一个或成功或失败的结果。如果顺利集中了注意力，她就可以进入学习状态了。如果没有成功，她就会心生懊恼，并且重新来过，一边对付自己懊恼的负面情绪，一边再做出决定、采取行动，然后得到一个或成功或失败的结果。她什么时候能进入学习状态，就要看产生这种决策行为的过程的顺利程度。据她自己所说，她经常处于与注意力拉锯的状态。

　　在跟自己的注意力拉锯的过程中，"小迷妹"耗费了大量的脑力、精力，当然也耗费了大量的时间，等到终于进入学习状态，开始刷题的时候，她早已经精疲力竭了。她是个有上进心的好学生，即使再疲惫也要拼搏，于是疲劳作战。而这时候她转过头，发现X

已经趴下睡觉，或者到教室外面玩耍去了。

最后的结果就是，X 花费更少的时间学习，成绩很好；"小迷妹"花费了比他多得多的时间学习，成绩反而不如他的好。这看起来没天理，实际上却天理昭然，因为无论是在时间上还是在脑力、精力上，X 的实际投入都比她的要多，只是他的时间和脑力、精力几乎全部都用了学习上，而"小迷妹"的大量时间和脑力、精力都用在了"准备学习"上。总而言之，好习惯让 X 的学习潜能得到最大限度的发掘，学习干扰项得到最大限度的减少；而坏习惯则降低了"小迷妹"的学习潜能，增加了她的学习干扰项。

X 的心流学习状态，其实包含了一系列好的学习习惯。相比 X，小 D 缺乏情绪管理习惯，小 Z 缺乏自尊自信的习惯，小 H 则缺乏情绪管理的习惯以及考试管理的习惯。

X 与他们相比，像极了现在的你跟一岁多的你比赛跑步。

蹒跚学步时的你，每迈出一步都要耗费很大的力气，你的大脑要做出无数个决策，决定先迈左脚还是右脚，摆动左臂还是右臂，协调身体各部位的肌肉，之后你才能晃晃悠悠地迈出一小步。而现在的你根本不用费力气，眼里看着风景，脑海里想着刚看的电影，嘴里咂摸着刚吃过的大餐的味道，一回头，早把穿尿不湿的自己甩出了一大截。

学霸的学习是高效的，同时也是更不费力的，大脑负荷更小的，这是他们与其他学生的重大差别之一。他们能更频繁地进入心流的学习状态，其中一部分原因就在于他们有良好的学习习惯。跟心流的 9 个要素一一核对的话，你就会发现习惯的特别几乎跟它每一项都是吻合的。

当然，只有好的学习习惯才有可能让人进入学习的心流状态。什么叫好习惯呢？就是目标一致的习惯。你的目标是成为学霸，专注的习惯有利于目标达成，与目标一致，这就是好习惯；而贪玩会阻碍目标达成，所以是坏习惯。

习惯心理学家的研究表明，在人的一生中的 43% 的时间里，我们的行为是习惯性的，是下意识的。学霸和非学霸的区别就在于，在这 43% 的时间里，学霸的习惯大多是好习惯，非学霸的习惯有很多是坏习惯。

好习惯使学霸更容易进入心流的学习状态——学习成本相对较低（不费力），使他们可以自由地完成更难的任务——学习效果更好（心流状态下，学习能力飙升了 230%）。所以，那些真正的学霸往往不是学习最辛苦的人，他们在学习上花费的时间不比中等生花费的多，甚至比他们花费的还要少。大多数学霸不是靠骨骼清奇做到这一点的，而是良好的习惯使他们的学习更加不费劲，更加低成本，更加高效。良好的习惯使得他们在赢得内心竞赛的同时，也轻松地赢得了外部竞赛。

(3.5) 关于学霸，你所不知道的第三个秘密

学霸的第三个秘密与"怎么做"有关，用英语表达就是 how。在"怎么做"的环节，真正的学霸会高效学习。在 43% 的时间里，他们有更多的好习惯。通过好习惯，他们赢得了内心竞赛，让自己常常处于学习的心流状态，让自己低成本、高效能地学习，最终赢得外部竞赛。

聪明如你，此时大概发现了其中的漏洞：在"怎么做"的环节，学霸在 43% 的时间里靠好习惯，那么在剩下的 57% 的时间里靠什么？另外，除了学习状态、学习习惯，学习方法也很重要呀，学霸的学习方法有什么不同吗？

发现漏洞的你，真是严谨又聪明的少年。别着急，翻开下一章，你就会明白了。

第 4 章 | 学霸法则：顺应渴望、资源有力、高效学习

 不按常理出牌的高考第一名

　　小 Y 是一名真正的学霸，是某市高考理科第一名，考上了北京大学。高考成绩公布之后，他一夜之间成了本地的风云人物，初中母校请他去给学弟学妹们讲自己的学习方法。

　　从母校回到家之后，小 Y 对妈妈说："唉，真不该去。"

　　妈妈问他为什么。

　　他说："我实际用的学习方法也不敢讲出来呀，我只好讲一些冠冕堂皇的废话，这对他们一点帮助都没有。"

　　从初三开始，小 Y 就成了老师眼中"不听话的好学生"。他跟老师商量不写完课后作业，只写自己觉得应该写的部分。上课听讲时他也不打算再跟着老师的节奏走，而是自己看书，遇到不懂的地方再去请教老师。他后来还做了更多"不正确"的事——他甚至在高考之前不复习，熬夜看起了足球比赛。

　　起先，小 Y 的老师当然不同意他的方法。他是班里排名前 10 的

好学生，老师可不想让他"瞎胡闹"。小 Y 跟老师说："这是我的学习节奏，我保证，按这样的节奏，我的学习会更轻松高效，成绩会更好。"

老师禁不住他的软磨硬泡，只好同意给他两个月的试验期，两个月内，他可以用自己的方法学习。如果他连续两个月在摸底考试中保持好成绩，老师就同意他的方法；如果成绩下滑，他就得老老实实听老师安排，不再"瞎胡闹"。结果，他顺利地度过了试验期，获得了按自己的节奏学习的权利，就像 X 拥有上课睡觉的"免死金牌"一样。他到了高中阶段也是如此，直到考上北京大学。

④.2 什么是科学的学习方法？

还记得第 2 章的主人公小 Z 吗？他用了两个多月的时间，使学习成绩从倒数第一跃升到第三十二名。他是用一种"怪异"的学习方法提升成绩的，也就是冥想。

小 Z 的咨询一共进行过 4 次。第一次，我们探索的是他的自卑与自信；第二次，我们探索的是他和父母的关系问题。你知道，这都是在内心竞赛的层面做工作。经过头两次咨询，小 Z 开始在内心竞赛中获得进展。第三、四次，我们开始探讨如何学习，如何提升成绩——这才在外部竞赛的层面做工作。

在学习方面，小 Z 遇到的困难显而易见。从初中开始，他的成绩就已经是中下等了。总分 750 分，他只能考 170 分左右，可见他跟每科的知识点基本都是"相见不相识"。他很苦恼，觉得自己好比"天狗吃月亮——无从下口"，希望我能教他一些"科学的学习方法"。

我没有教他任何"科学的学习方法"，而是问他："在你过去的学习经历中，有没有学习效果比较好的时候？或者相对没有那么差的时候？"他想了想，说初三曾经有过这样一段时间，其间他的成绩有所提升。我问他当时是怎么做的。

起先，他说"不知道"，接着说："那段时间，我的学习状态比较好。"

我问："还有呢？"

他想了想，说："冥想。"

我听到这个词后很诧异，因为冥想在心理学上也经常使用，是个很专业的概念，没想到一个十几岁的中学生会说出这个词。我问他是从哪儿知道这个词的，小Z说是从同桌的一本玄幻小说里知道的。我心中暗笑，问他具体是怎么冥想的。

他说："每天晚上回到宿舍后，啥都不想，先让脑子放空，然后回想当天学习的内容，能想起多少是多少。"通过冥想，那段时间他的成绩有所提升，只是他后来放弃了。

我说："恭喜你，这就是科学的学习方法，而且是非常适合你的科学的学习方法。"

小Z瞪大了眼睛，流露出难以置信的表情。

我肯定地对他说："是的，这就是科学的学习方法。你知道斯坦福大学吗？"小Z摇摇头。我告诉他这是全世界排名前5的大学。斯坦福大学的学习专家讲的科学的学习方法里就有这一种，名字叫作"自我生成"，就是依靠回忆来强化记忆，还有学习专家叫它"深度回想"。

接下来，我们进一步探讨了这种学习方法的细节，以及他自己觉得怎样可以做得更好。我还告诉他"冥想"也是非常高明的深度放松、训练专注力、提升觉察力的方法，就连美国苹果公司的创始人乔布斯也经常使用这种方法。

小Z开始运用这种方法，并提高运用频率，使之成为一种习惯。不久后，他的成绩突飞猛进。

小Z只是个翻身的"学渣"，还远远称不上学霸。我们再来看看学霸X的学习方法。

同学聚会那天，在大家讨论X的学习状态时，我说道："其实，X的贪玩贪睡就是很科学的学习方法。"此话一出，包括X在内的所有人都觉得我是在开玩笑，但我并非开玩笑。

学习专家们研究发现，人有两种思考状态——专注模式（心流）和发散模式，它们分别基于两种不同的神经网络模型。人在学习时，大脑会不停地在两种模式之间切换。

专注模式在学习时不可或缺，没有专注就没有学习。但我们必须得说，任何事物都有两面性，专注模式也有缺陷。它是愉快而高效地学习的必要一环，但是如果单靠它，一直靠它，却无法真正实现愉快而高效地学习。

你可能有过这样的体验，遇到一道难题时，你百思不得其解，于是暂时放下，去做其他事情或者干脆去玩了，但就在做其他事情或玩的时候，突然灵光乍现，难题迎刃而解。

如果没有这样的体验，你也一定听说过阿基米德的故事。

相传，古希腊叙拉古的国王让人做了一顶纯金王冠，但他怀疑金匠在王冠里掺了假。可问题是，这顶王冠跟当初交给金匠的纯金一样重，谁也不知道金匠到底有没有捣鬼。国王把这个棘手的难题交给了阿基米德，还要求他不能破坏王冠。

阿基米德辗转反侧、苦思冥想，他想了很多办法，但都失败了。有一天他去澡堂洗澡，就在他坐进澡盆，看到水往外溢，感到身体被托起的时候，他恍然大悟，跳出澡盆，裸身向王宫奔去，一路上还大喊着"尤里卡"（希腊语，意为"我知道了"）。阿基米德就此发现了浮力定律。

浮力定律的发现，就是阿基米德在专注模式和发散模式间切换的结果。

对于专注模式（心流状态），你可以把它想象成手电筒发出的光。你打开手电筒的开关，一束富有穿透力的光就打在你关注的目标上。这束光很亮，足以照亮你关注的目标。并且因为聚焦，光照亮的范围就很小，它只能照亮你眼前的这点东西。这就会造成思维定式，类似于一叶障目，不见泰山——把一片叶子放在眼前，就看不见后面高耸入云的泰山了。在这种情况下，你脑海里已有的或是最初的想法，会阻碍你产生更好的想法或答案。

而发散模式，你可以把它想象成房间里的电灯发出的光。你打开电灯的开关，光会照亮房间里每一个没有被遮挡的地方，不聚焦在某一个点上。这时，你就会有更多的主意、更多的发现。

科学的学习方法，就是在两种模式间切换。在高度专注地学习之后，你需要停下来喘口气。这时发散模式就会"乘虚而入"，帮助你搜寻解决方案。当放松过后的你重新学习时，你常常会收到人们所说的灵感作为惊喜礼物。即使答案仍然"犹抱琵琶半遮面"，你对问题本身的理解也会更加深入。

对于怎么利用发散模式，创造力研究专家霍华德·格鲁伯提到过一种 3B 方法：睡觉（bed）、洗澡（bath）、坐公交车（bus），任选其一即可。19 世纪，一位善于发明的化学家亚历山大·威廉姆斯也发现，独自散步对他取得工作进展的帮助，抵得上在实验室苦战一个星期。

从用脑量上说，专注模式非常耗能，如果没有在深度放松的状态下补充能量，高耗能的状态是不可持续的。这相当于只让马儿跑，不让马儿吃草，马儿罢工或者累趴下只是时间问题。

现在，你一定有了新发现：X 在下课后第一时间跑出教室，晚自习后第一个跑到宿舍，甚至上课睡觉，原来都不是表面上的贪玩贪睡，而是他科学的学习方法的一部分。专注和"贪玩贪睡"，分别是他学习中的两个好习惯。关于睡觉，大作家、诺贝尔文学奖获得者约翰·斯坦贝克说得很有趣："前一天晚上还难以解决的问题，第二天早上就已经被睡眠委员会解决了。"

至于小 Y 的自主学习方法，更是几乎所有学习专家都倡导的。

其实，小 Z 的"冥想"学习法还有更多的科学依据。学习离不开记忆，"记"和"忆"其实是学习的两个不同阶段，虽然在日常的学习中我们不会区分它们。在课堂上听课是"记"的过程，而做家庭作业则是"忆"的过程。小 Z 躺在床上把当天所学在脑中回忆一遍，就是增加了一个"忆"的过程。

学习专家罗伯特和伊丽莎白·利根·比约克做了更为详细的研究，他们把"记"和"忆"的程度分别称为"存储强度"和"提取强度"。一般学生为了提高学习成绩，喜欢加大"存储强度"，比方说死记硬背。但学习专家们强调，学习要加大"提取强度"，也就是加大"忆"的强度，因为当你能把学习的内容回忆起来时，它们才能变成你自己的东西，才能为你所用。而且，你越去反复回忆一件事情，将来就越容易将其回忆起来。

你可以看到，前文中的每个人都找到了科学的学习方法，但是我想说的是，他们的学习方法都不是从别人那里获取的，而是他们自己找到的特别适合自己的方法，同时这些方法恰恰也是科学的学习方法。

我向你保证，X 当年并不知道专注模式、分散模式、深度放松这些名词和概念。我之所以敢这么肯定，是因为我们当时根本没有获取这些信息的渠道。而且，如果仔细研究学习专家对这些学习方法的论述，你还会发现 X 的方法与学习专家倡导的方法也不完全一致。

同样，小 Z 的学习方法更是"野路子"，跟学习专家系统论述的学习方法既有相似之处，也有很多差异。让小 Y 考上北京大学的方法也是如此，既与学习专家介绍的方法有相似之处，也一定有不吻合的地方。

最关键的是，他们行之有效的学习方法不是从学习专家那里得来的，也不是从书本上得来的，都是自己摸索得出的、特别适合自己的、独特的学习方法。这才是真正重要的地方。

不知道你有没有见过，至少我见过很多这样的学生，他们从学习专家那里，从老师那里，从父母那里，从学霸那里，学到一种或多种科学的学习方法，然后生搬硬套，结果却没有提高成绩，甚至导致成绩下滑。这让他们更加沮丧、更加懊恼——科学的学习方法都救不了自己，自己一定是没救了。

我当然不是在否定学习专家、老师、父母、学霸的方法，也不是告诉你不要学习他们的方法，而是在说，所有外来的学习方法都需要结合你自己的实践和体验，最终变成适合你自己的独特的学习方法。世界上没有完全相同的两片叶子，也没有使用同一种学习方法的两个学霸——无论某种学习方法多么科学。

问题的重点就是，如何找到适合自己的学习方法。请记住，适合自己的才是科学的，适合自己的也一定是科学的。

就连小Z这样的"学渣"，也能从自己"糟糕"的学习经历中找出科学的学习方法。我不知道读到这里的你有什么感想，会不会像小Z本人一样惊诧不已。

小Z、X、小Y分别有各自不同的学习方法，但重要的不是这些学习方法，而是他们是如何找到适合自己的科学的学习方法的。

他们是怎么找到的呢？

从小Z的例子里，你大概已经看出端倪了：我没有教他什么外来的"科学的学习方法"，而是帮他从既往的学习经历中找到适合他自己的科学的学习方法。我问他的原话是："在你过去的学习经历中，有没有学习效果比较好的时候？或者相对没有那么差的时候？"当他回忆起自己有过这样的经历时，我们详细地探讨了当时他是怎么做的。

在学习方法方面，小 Z 原来也只把注意力放在自己的缺点上，放在"缺什么""没有什么"上。我引导他思考自己"有什么"，他以为自己一无所有，但其实他是有东西的。

就这样，一个"学渣"从自己身上找到了科学的学习方法。而 X、小 Y 实际上也是这么做的，只是他们善于看到自己"有什么"，所以几乎没有借助他人的引导，就探索出了适合自己的科学的学习方法。

4.3 学习潜能植根于你的 DNA 中

你可能已经忘了，你曾经完成了两项非常难的学习任务，而且完成得非常好：一项是学走路，另一项是学说话。

我向你保证，这两项学习任务比你目前的中学学习任务难得多。用两足行走，除了我们人类，世界上没有任何一种动物能够很好地完成，但你只用了几个月就学会了。说话也是，汉语是全世界公认的最难学会的语言，没有之一，你也只用了短短一两年时间就能说一口流利的汉语。既然你这么好地、奇迹般地完成了这两项学习任务，那么至少在这两个方面，你绝对是学霸。新任务来了，请身为学霸的你，为还不会走路的小宝宝的父母，写一本"怎样学走路"的学习指导手册，为正在学汉语的外国人，写一本"怎样学汉语"的学习指导手册，怎么样？

我们一起来完成第一项任务，看看你当初是怎样学会走路的。

你（穿着尿不湿的你）借助茶几站了起来，像喝醉了一样左摇右晃，但有着强烈的对走路的渴望，于是坚定地扶着茶几走了好一会儿。奶奶张开双臂，在一步之外随时准备扶住你，嘴里说着："宝宝小心。"妈妈在不远处密切关注着这一切。爸爸则趴在沙发上，拿着手机记录这一宝贵时刻。——不止你一个人对走路有强烈的渴望，你身边的每一个人也都对此有强烈的渴望，你们有着共同的渴望、共同的目标。你的本能和你爱的、也爱你的人都清楚地知道你"要什么""真正想要的是什么"（want）。他们都是你的支持者。

你自己内心渴望的目标，你爱的、也爱你的人内心渴望的目标，你们共同渴望的目标，让你鼓足勇气，将一只手从茶几上挪开。妈妈伸出双臂，说道："来吧，宝宝，加油，你可以的！"

你迈出了一步，身体晃了晃，接着又迈出了一步，再迈一步后，你扑倒在了妈妈怀里。你身边的整个世界瞬间沸腾了。妈妈紧紧抱住你，在你脸上狂吻："宝宝真棒，宝宝会走路了！"爸爸放下手机冲过来，举起你转了3圈："你真是个了不起的小家伙！"奶奶擦着眼泪给三姨奶打电话："宝宝会走路了，宝宝会走路了！"

你每迈出一步都摇摇晃晃，就像一个醉汉，以标准的走路姿势为参照来评价的话，这简直是糟糕至极。但是，没有人指着你的鼻子说："怎么走成了这样？太差了！"相反，所有人都在为你鼓掌，为你欢呼，给你激励，每个人都能看到你小小的进步。你心里也没有任何自我批评的声音响起，如"我怎么这么差？""这一步又没迈好。""我都不如隔壁小孩走得稳。""我走成这样，小狗会怎么看我？小猫会怎么看我？小鸭子会怎么看我？以后我还怎么在这条街上'混'？"你只是沉浸在自己的世界之中，顺应这内心的渴望，享受爱你的人给你的激励。你自己和你身边的每一个人都没看到你的缺点，都知道你有足够的能力、足够的资源完成这项并不容易的学习任务，你们的注意力都放在你的内在力量和资源上，放在你"有什么"上。

至于走路的方法，也并没有人用语言教你：没有人告诉你怎么摆动右臂，如何迈开左腿，也没有人教你怎样科学地走路。你先是观察，然后模仿。更重要的是，你在模仿的过程中，在实践的过程中，根据自己的感受和体验对观察得来的方法进行了自我调整。你不但在学习走路的信心方面善于找到自己"有什么"，也像出于本能一样，善于在学习走路的方法和技巧方面找到自己"有什么"，找到自己成功的经验，然后重复利用，迅速学会了走路。

关于人们怎样从自己的学习经历中总结经验教训，进行自我调整，我的一位老师，知名的生命教练、教育教练创始人张非凡老师，用8个字进行了概括：有效多用（经验），无效变通（教训）。

就这样，就这么自然而然地，一步，一步，又一步，你学会了走路。

回到之前给你的任务，请你总结自己学走路的过程，给还不会走路的小宝宝写一本"怎样学走路"的学习指导手册，你会怎么写呢？

我们一起总结一下。

首先，对于走路，你有着强烈的内在渴望，那是你真正想要达成的目标，让你充满动力。

其次，你所有的内在资源（学习潜能）、外在资源（家人的支持与鼓励）都是有力的。

最后，前两者使你沉浸在被称为心流的学习状态当中。在这样的状态之下，你获得了外部知识，进行了实践和自我调整（有效多用，无效变通），从而学会了走路，然后继续保持这样的状态，重复练习，让走路成了你的习惯（最低成本、最高效能）。后来，你又以同样的状态、同样的方式学会了慢跑、快跑、飞一般地奔跑，最终成了现在的样子。

学霸法则：顺应渴望、资源有力、高效学习

学习并没有看起来那么复杂，也没有看起来那么难。想成为学霸，你只需要像婴孩时期的你那样高效学习。

从前面几章的介绍，以及婴孩高效学习走路的过程中，我们可以概括出学霸法则：顺应渴望、资源有力、高效学习。

我们需要一种思维方法来使学霸法则更加具体、更具可操作性，这种思维方法就是"3W 学霸思维法"。

3W 学霸思维法

顺应渴望：聚焦内心渴望的目标——"要什么""真正想要什么"，即 want。

资源有力：聚焦资源、潜能和力量——"有什么"，即 work。

高效学习：培养好习惯，并从自身经历中找出并形成科学的学习方法——"怎么做"，即 how。

练习使用"3W 学霸思维法"，你就具有了学霸的思维方式，进行了思维升级。这可以使你把学习干扰项减到最少，最大限度地激发学习潜能，赢得内心竞赛，进而赢得外部竞赛，拥有更多良好的学习习惯，找到适合自己的科学的学习方法，低成本、高效能地学习。如此，成为学霸并超越学霸将会是一件自然而然的事情。

我相信你已经急不可待了。

到目前为止，我们只是对思维进行了升级，之后还需要把思维落实到具体行动中。这就要求我们制定一套有章法、有步骤、可操作的流程。

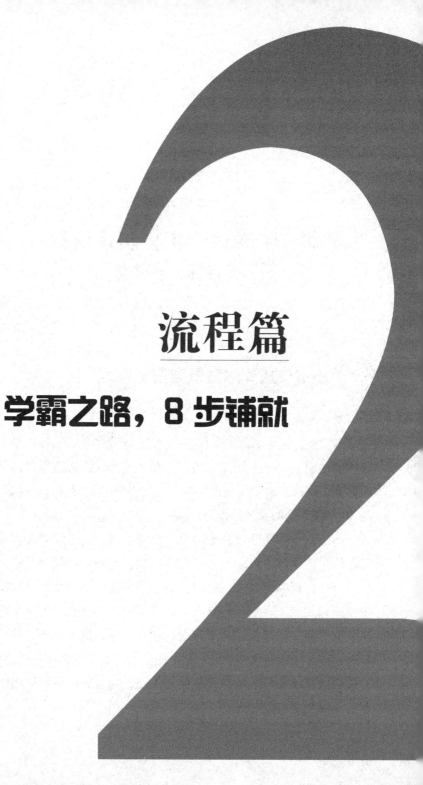

流程篇

学霸之路，8 步铺就

2

第 5 章 | 学霸第一步：制定目标

——无目标，不学霸

 小 F：从浑浑噩噩到奋发图强

老 F 是我的一个朋友。

当年他还是小 F，在读高三的小 F，表现平平，成绩平平，用他自己的话说是"整天浑浑噩噩"。有一天他从铁道边经过，目睹了一件事，这件事改变了他的一生。交代一下时代背景，当时是 20 世纪 80 年代，他的家乡还很穷。

那天，经常要经过铁道边去学校的他，看到一列列火车从身边飞驰而过，这对于他来说早已司空见惯。这一天看起来仍然会如同往日，浑浑噩噩地过去。这时，他看到一位中年妇女，身背铁锹，紧挨铁道站着，在一列运煤火车驶到身边时，突然跟着火车跑了几步，伸手抓住火车上的一个东西，起身一跃，跳上火车，然后迅速爬上车顶，从背后取下铁锹，开始往车下铲煤。小 F 耸耸肩，心想："铁道游击队吗？"他继续往前走，还想着有新鲜事可以跟同学讲了："我在铁道边看到……"

走了不远，他看到一个十三四岁的男孩手拿扫把、簸箕，把散落在路边的煤收到蛇皮袋子里。他明白了，这是在合伙偷煤。小 F 做了一个摊手的动作。这是他从电影里学来的，表示无奈，也有鄙视的意思。

又走了不远，他看到一个女孩，身子单薄，和他差不多大，也身背铁锹站在铁道边上。他吃了一惊："不会也要爬火车吧！"他放慢脚步，想看看究竟会发生什么。一列运煤火车驶来，女孩跟着跑了几步，伸手抓住火车上的一个东西，起身一跃，跳上飞驰的火车。

女孩开始跟着火车跑时，小 F 的心就揪成了一团，等女孩爬到车顶，小 F 已经泪流满面了。一个花儿一样的女孩，冒着生命危险，只为了偷几铁锹煤。小 F 再也无法做出耸肩或摊手的动作了。

后来，回忆起这一段经历时，老 F 说，他起先无法理解世界究竟怎么了，后来他想到，只有一个原因——穷。他觉得是家乡太贫穷，才会让这几个人（或许是一家人）做出这样的行为。小 F 觉得自己该做些什么了。几天后，他发誓要改变家乡贫穷的面貌。

小 F 当时的学习成绩很一般，他复读了 3 年，最终考上一所重点大学。他后来拥有几项发明专利，成了一名企业家，在家乡也办了一家工厂。

后来老 F 说："即使没有我，我的家乡现在也会富裕起来。可是，我很庆幸，毕竟我还是为家乡做了一点事情。"

目标：从鼓舞到行动

拥有内心渴望的目标对人的一生有极大的影响，老 F 的故事只是其中一个案例而已，这样的案例有很多。在本书第一部分，你看到的那些主人公遇到各种学习干扰项（与父母、老师的关系问题，自卑的问题，学习方法的问题，考试焦虑的问题）时，都是在弄清楚自己"想要的""真正想要的"——内心渴望的目标之后，开始了转变。找到内心渴望的目标，对你的学霸之路、人生之路有多重要，可见一斑。

2000多年前，哲学家亚里士多德就注意到，设定目标是人类行为的基础动机之一。他把目标称为世界变化的四大基本"诱因"或驱动因素之一。

20世纪60年代末，多伦多大学的心理学家加里·莱瑟姆和马里兰大学的心理学家埃德温·洛克，在亚里士多德的观点的基础上进一步提出了一个观点：确立目标是强化动机和提高表现的最简单的方法之一。这一观点如今已被视为真理，加里·莱瑟姆和埃德温·洛克则被称为"目标设置理论之父"。在许多领域的众多研究中，人们都发现设定目标可以将业绩和生产力提高11%~25%。全球心流体验专家史蒂芬·科特勒，则把设定目标称为"心流触发器"之一，意思是设定内心渴望的目标可以使人进入心流的学习状态，毕竟心流的9个要素中有一个叫"目标明确"。

我希望，也相信，下一个类似的故事（通过树立目标改变人生的故事）的主人公就是正在读这本书的你。区别可能在于，小F因为外界刺激被动地树立目标，其他的主人公因为遇到了很大的麻烦被动地树立目标，而你则是主动地树立自己的目标。从这个意义上讲，你更是自己生命的主人。

让我们从本章开始了解"学霸8步法"。而成为学霸、超越学霸的第一步就是制定目标。

要制定一个顺应内心渴望的有效目标，你需要使用学霸工具包1"目标金字塔"，如图5-1所示。

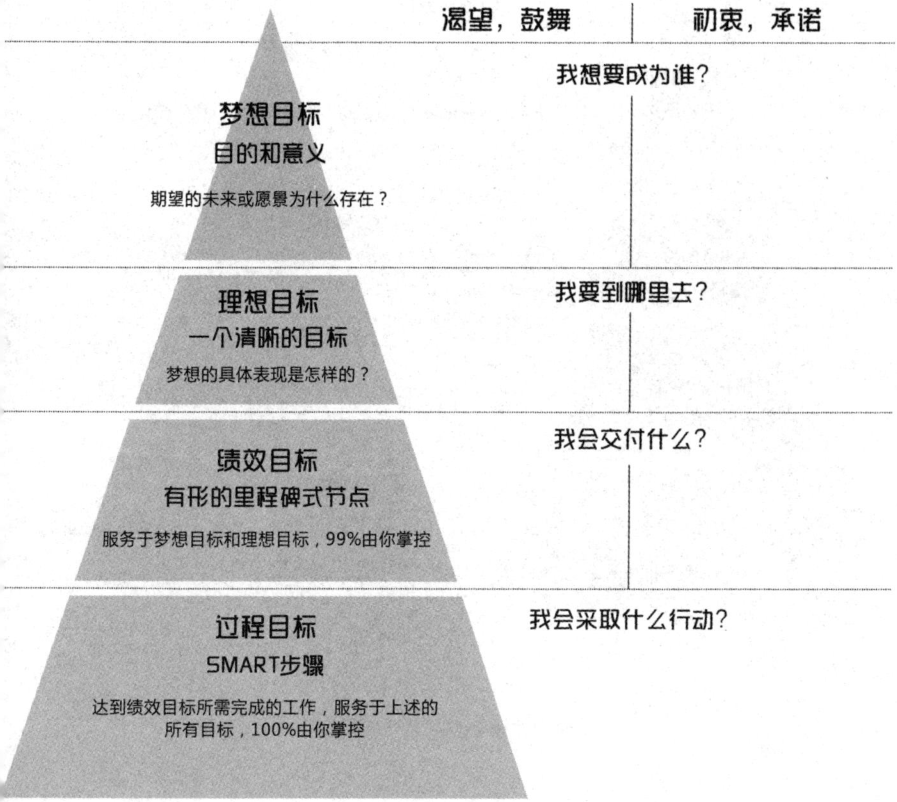

图 5-1 学霸工具包 1"目标金字塔"

图 5-2 是小 D 当初在我的辅导下设计的"目标金字塔",经他同意,我将其列在这里,供你参考。

	渴望，鼓舞	初衷，承诺
梦想目标 目的和意义 期望的未来或愿景为什么存在？	**我想要成为谁？** 我是一个自尊、自立、有爱的人！	我将尊重自己，用有爱的方式 与他人相处，以此自立于世间。
理想目标 一个清晰的目标 梦想的具体表现是怎样的？	**我要到哪里去？** 在20年后，我会生活在北京或上海等 一线城市，有体面的职业，中等 偏上的收入，家庭幸福。	我承诺，在20年内，通过努力学习和打拼， 学会更好地与人合作，实现目标。
绩效目标 有形的里程碑式节点 服务于梦想目标和理想目标，99%由你掌控	**我会交付什么？** 2019年考上重点高中， 2022年考上重点大学。	我承诺在1年内修复和父母、老师的关系，恢复 正常的学习状态，养成"情绪管理"和"合理使用 手机"两个习惯。
过程目标 SMART步骤 达到绩效目标所需完成的工作，服务于上述的 所有目标，100%由你掌控	**我会采取什么行动？** **1. 修复和父母、老师的关系。** 行动：今天回家后，和爸爸妈妈开一个家庭会议；开学第一周，找老师谈话， 修复关系。 **2. 恢复正常的学习状态，把落下的功课补上。** 行动：3天内制定暑假计划，把落下的功课补上；8月30日由妈妈找一套期末 考试卷对我进行测试，测试得分不低于期中成绩。 **3. 养成两个习惯。** 行动：使用"学霸8步法"，在2018年12月30日前养成"情绪管理"的习惯， 并开始养成"合理使用手机"的习惯，在2019年6月30日前完成计划。	

图 5-2 小 D 的"目标金字塔"

从"目标金字塔"可以看出，目标显然是一个系统，是分层次的，且各层次互相呼应和衔接。很多人立过目标，但目标并没有真正起到作用，这是因为目标本身制定得并不系统。比如，如果一个人曾经只制定了一个"今年我要好好学习！"的目标，即便他制定这个目标的时候很有决心，最终也无法达成目标，没有其他可能。因为这样的目标太过简单，不成系统。

5.3 目标的第一原则：I 原则——自我激励原则

我知道，之所以有少年会故作老成地说"理想、抱负，我'戒'了"之类的话，一个重要原因是，虽然他们从小总被教导要有理想、有抱负，但那些"理想""抱负"是大人为他们设定的，不是他们自己内心渴望的目标。它的表达方式是"你应该要"，而不是"你想要"。

周恩来总理的梦想目标"为中华之崛起而读书"之所以那么可贵，最重要的原因就在于这对他而言是"我想要"的。

所以，各个层次的目标的第一原则是 I 原则，即自我激励原则。

这里的 I 来自两个英文单词：一个是 I（我）——"我想要的"，一个是 inspire（鼓舞、激励）。二者合在一起就是自我激励原则。

只有符合 I 原则——自我激励原则的目标，才会让你有无穷的动力，才会促使你开始行动，并保持韧性持续行动，直到目标最终达成。

所以，在制定任何一个层次的目标时，都不要忘了检视该目标是否符合 I 原则，都要自问那是否是你真正想要的、内心真正渴望的，是否能够激励你自己。

5.4 目标的第二原则：PURE 原则

目标除了要符合第一原则 I 原则（自我激励原则），还要符合第二原则——PURE 原则。

PURE 原则

· 正向地陈述（positively stated）
· 能被理解的（understood）
· 相关的（relevant）

- 道德的（ethical）

制定一个符合两大原则的目标需要我们详细考量，好的目标有时能改变人的一生，当然不会是随随便便制定的。首先请不要觉得这太烦琐，如果你想要成为学霸、超越学霸，实现自己的人生梦想，就先要制定出有效的、符合原则的目标。只有符合原则的目标，才会是有效的。

正向地陈述

正向地陈述目标非常重要。负向地陈述目标非常常见，目标无法达成往往与此有关，所以我们有必要单独将其列出来进行强调。

负向地陈述目标，其实说的是"不想要什么"，而不是"想要什么"，说的是问题，而不是目标。

在小 D 的故事的前半部分，每个人都很努力地想要改变对方，都在负向地陈述目标，所以才造成了恶性循环。老师、父母严厉地批评、惩罚小 D，表达的都是"不许如何"，小 D 激烈地逃跑和战斗，表达的也是"不要什么"。

激励周总理成为伟人的目标是"为中华之崛起而读书"，这是正向陈述。他所用的表达方式不是"为中华不积贫积弱而读书"。

你大概听过有的家长给孩子制定目标时，所用的表达方式是"如果不好好学习，你将来就会……"。虽然家长的目的是激发孩子学习的动力，但这样的表达却很难起到他们想要的作用。你大概也听过有的同学说"我不想排在倒数几名，我要好好学习"，很显然这也是负向的表达，你可以观察一下经常这样表达的同学的成绩排名。

负向的表达会让你把注意力放在自己不想要的东西上，而正向的表达才能让你把注意力放在内心渴望的目标上。请记住这一点，这很重要！

能被理解的

这个原则是指对目标的表述要清晰，所用词语不容易引发歧义，目标拥有者和身边的人都能理解该目标。

比如，一个人的目标是"获得成功""过上幸福生活"，这样的目标也能被理解，但是含义很模糊，容易引发歧义。有人觉得身家上亿是成功，有人觉得穷游世界就是成功；有人觉得开豪车、住大房子是幸福，有人则觉得"老婆孩子热炕头"就是幸福。小 D 的理想目标里也有"幸福"二字，但是有了"生活在北京或上海等一线城市"等条件，他对幸福的定义就要清晰得多，也是真正能被理解的。

相关的

相关的是指各个层次的目标相互关联。

梦想目标是终极目标，它对一个人的人生具有十分重要的意义。而目标金字塔中的其他目标则是达成它的阶梯，没有它们，梦想就只能是梦想，永远不可能变为现实。

梦想目标、理想目标、绩效目标和过程目标必须是相关的，你不可能通过爬 B 大厦的楼梯到达 A 大厦的顶端，即便你非常努力。

道德的

道德的即要求目标遵循道德准则，这或许会让你感觉有些奇怪，有点说教的意味。遵循道德准则会让你吸引那些优秀的人与你合作，这无论对你现在的学习还是未来的工作都极为重要。投机取巧往往会让你得到一些短期利益，但在得到短期利益的同时，你会在不知不觉间付出代价，比如那些优秀的人的离去。

道德准则不只体现在大是大非上，在小事上也有体现。小 D 和老师、父母之所以矛盾重重，是因为"扯裤子事件"，在课堂上做出这样的事当然不符合道德准则。要知道，同一件事放在不同的场合，就会存在符不符合道德准则的差异。

"如果不好好学习，你将来就会扫大街"这类"目标"除了没有使用正向的表达方式之外，同时也不符合道德准则。这个"目标"明显带有歧视的意味，是对环卫工人的不尊重。生活在城市中的每个人都因为他们的辛苦工作而受益，对他们不知尊重反而歧视，显然不合适。

（5.5） 梦想目标

"想要的""真正想要的"放在 20 年、30 年的时间尺度下，通常叫作愿景、梦想或理想。在这里，我们把它称作梦想目标，以区别于其他层次的目标。

关于梦想目标，著名管理思想家史蒂芬·柯维博士有个形象的比喻——飞机飞行。

在飞机起飞之前，飞行员非常清楚目的地在哪里。在飞行过程中，风、雨、气流、空中交通、人为错误和其他因素都会对飞机产生影响。这些因素使飞机发生偏移，所以在大部分时间里，飞机并没有按照计划的线路飞行。在整个旅途中，飞机总会出现违背飞行计划的情况。即使飞机在 90% 的时间里都会偏离正确航线，但飞行员仍然能校准方向，原因就在于他始终清楚目的地——他最终想要抵达的地方在哪里。

梦想目标可以是宏大的（"改变家乡贫穷的面貌""帮助山区的儿童接受良好的教育"），也可以是普通、常见的（"有一个幸福的家庭并照顾好父母"）。梦想目标会随着时间的推移而改变，你可能会在几年之后改变原来的梦想目标或增添新的梦想目标。但梦想目标一定要是你内心真正想要的，是你内心真正渴望的，并且能确保你在足够长的时间里，在行动上做出承诺，向着目标不断努力。制定梦想目标，可以帮助你规划人生，让你获得学习和工作的巨大动力。

我的朋友老 F 的目标算得上宏大，也充满了理想主义色彩。少年时代正是理想主义的时代，这一点都不可笑，反而值得尊敬。如果你有这样的理想，请坚持，并付诸行动。当然，你也可以像小 D 那样制定一个普通的梦想目标，这同样值得尊敬。制定梦想目标的关键不在于目标宏大还是普通，而在于它是你真正想要的。

我邀请你开始探索自己的梦想目标，你需要找一个安静的空间，选择恰当的时间，按照下面的步骤开始你的梦想之旅。

梦想目标之自我定义

在这里，你探索的是"我是谁？""我想要成为谁？"这样的意义重大的问题，也就是探索如何定义自己的身份。你的人生应由你自己来定义，而不应让其他任何人来定义。只有你自己定义的人生，才会是你内心渴望的。下面将给你一个工具，你可以用它来定义你自己。

请使用学霸工具包 2 "梦想目标工作表：我要成为谁？"来制定自己的梦想目标，如表 5-1 所示。

表 5-1　学霸工具包 2 "梦想目标工作表：我要成为谁？"

渴望，鼓舞	初衷，承诺

看到这个表格，你可能很茫然：具体应该怎么填？茫然很正常，要完成这个表格，弄清自己想要成为谁，你还需要几个子工具包。

运用关键词定义自我身份和角色

请用学霸工具包 2.1 "人生关键词表"进行自我定义，如表 5-2

所示。"人生关键词表"罗列了一些词语，从中找出 3 个最能触动你的。如果找不到，你也可以在自己的词库里找，只要是正向的词语都可以。

表 5-2 学霸工具包 2.1"人生关键词表"

人生关键词					
独立	和平	爱	财富	宁静	智慧
自由	自尊	助人	挑战	美感	权力
同情	慷慨	真理	成长	合作	安全感
真诚	勇敢	感恩	健康	阳光	负责任
激情	专长	和谐	善良	果敢	成就感
快乐	自强	自立	幸福	忠诚	同理心

与身心连接

找出 3 个词语后，将其与自己的身心相连接，使之符合 I 原则，以使你找到内心真正渴望的东西。你应体会身体和心的感受，因为你的身体是最真实的，不会说谎。有个说法叫"身心合一"，就是指没有分裂感，头脑里的两个小人儿没有争斗。当你逐一说出下面 3 句话时，体会自己的身体和心的感受。如果你的身心是合一的，那就说明相关描述是你真正想要的，是符合 I 原则的。使用学霸工具包 2.2"连接身心工作表"来达成 I 原则，如表 5-3 所示。

表 5-3 学霸工具包 2.2"连接身心工作表"

项目	连接身心语
连接一	当我_____时，我身心合一
连接二	当我_____时，我身心合一
连接三	当我_____时，我身心合一
我的身份	我是一个_____、_____、_____的人！

现在，"想要成为谁"这个问题已经解决了。就像小 D 得出的结论是："我是一个自尊、自立、有爱的人！"我想，你应该也有了类

似的身份。

细心如你，或许已经发现，"我是一个_____的人"这句话实际上是现在完成时态的表达；"我想要成为一个_____的人"，则是将来时态的表达。

说"我是一个_____的人"，而非"我想要成为一个_____的人"，有两个重要理由。第一个理由是，前者更符合 I 原则。你可以分别大声读出这两个句子，读的时候觉察自己的感受，就能体会到前者更能实现自我激励。第二个理由要复杂一些，我就省略论证过程，直接给出结论：大量心理学研究证明，当一个人坚定地相信自己是个什么样的人时，他就已经是这样的人了。

梦想目标之承诺

同样的场景下，不同身份的人会做出不同的承诺。反过来，不同的承诺，也会验证人的不同身份。

你可以用学霸工具包 2.3 "梦想目标之承诺工作表"来完成对自己身份的承诺，并最终确定自己的梦想目标，如表 5-4 所示。请记住，这里的承诺不是对别人的承诺，不需要证明给其他任何人看，而是你对自己的承诺。所以，填写这个表格时，你可以而且应当"目中无人"，只对自己负责。我知道你是一个有爱的少年，在做承诺时，总想要对父母、老师、朋友负责。我想说的是，一个人首先要对自己负责，然后才能对其他人负责。在后面的环节，你会得偿所愿，会对其他人负责，但在这一环节，你只需要对自己负责。

表 5-4　学霸工具包 2.3 "梦想目标之承诺工作表"

项目	我的梦想目标	提示
我的身份	我是一个_____、_____、_____的人！	在横线上填写你所选择的3个人生关键词
我的承诺		用一段话把3个人生关键词串联起来，不超过50个字

表 5-5 是小 D 的"梦想目标之身份承诺工作表",可供你参考。

表 5-5　小 D 的"梦想目标之承诺工作表"

项目	我的身份承诺	提示
我的身份	我是一个__自尊__、__自立__、__有爱__的人!	在横线上填写你所选择的 3 个人生关键词
我的承诺	我将尊重自己,以有爱的方式与人相处,以此自立于世间!	用一段话把 3 个人生关键词串联起来,不超过 50 个字

到这里,你已经明确了自己的梦想目标,请把它填进学霸工具包 2 "梦想目标工作表:我要成为谁?",审核一下,确定无疑后,再填进学霸工具包 1 "目标金字塔"的梦想目标部分。

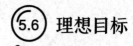

5.6　理想目标

相较于梦想目标,理想目标更为现实,是梦想目标的具体体现。如果说梦想目标回答的是"我是谁?""我要成为谁?"的问题,那么理想目标回答的则是"我要到哪里去?"的问题。

你是什么样的人,决定你能走到什么地方。反过来,你走到什么地方,才能证明你成了什么样的人。比如,一个遵纪守法的人,会一生自由;一个违法乱纪的人,只会走进监狱。反过来说,一名囚犯无论如何也无法让别人相信他是遵纪守法的人。这个观点至少在绝大部分情况下是成立的。

没有理想目标的支撑,梦想目标就只能是梦想,甚至是幻想,人就会是空想者。而如果没有梦想目标,人就会缺乏实现理想目标的动力。

花些时间来探索自己的理想目标是值得的,你可以用学霸工具包 3 "理想目标工作表:我要到哪里去?"来探索,如表 5-6 所示。

表 5-6　学霸工具包 3 "理想目标工作表：我要到哪里去？"

时限	项目	渴望，鼓舞	初衷，承诺
	我会在哪里生活？		
	我的职业状况是怎样的？		
	哪些人会因我的工作而受益？		
	我的收入如何？		
	我的家庭是什么样的？		

在"时限"这一栏，你们少年设为 20 年或 30 年比较合适。

完善各个项目时，请记得聆听你内心真实的声音。当然，因为它们是更为现实的目标，所以你可能需要一些资料。建议你和父母及其他长辈进行讨论，当你说明讨论目的时，相信他们会非常乐意帮忙。

在讨论之前，你需要告知他们，最终的目标由你自己来制定。在制定你的目标方面，你是司令官，他们是参谋长。如果他们之前习惯替你做决定，现在也仍然想要这么做，你可以邀请他们和你一起读这本书。他们爱你，这是你邀请他们参与谈论的基础，当你说出自己想要的帮助是什么时，他们就能更好地爱你。勇敢地说出你的需要，会让你们之间的爱流动得更为顺畅。

"哪些人会因我的工作而受益？"围绕此点有必要多说一些，这是指更大范围内的合作。

实际上，大规模的、灵活的合作是人类区别于其他动物的重要标志，是人类之所以有今天的必要条件。任何一个人要过上自己想要的生活，都必须与其他人合作。比方说，这本书能呈现在你面前，就是无数人合作的结果。乍一看，它像是我们两个人之间的合作：我写作，你阅读。但其实，还有无数人参与了这场合作，包括但不限于种树的人、护林员、化肥农药生产商、伐木工人、运输工人、造纸工人、纸张销售商、出版社编辑、校对人员、印刷工人……这个名单很长，其中包括之前提到的那些"大脑壳"。

而合作的根本要义就是，我为其他人服务，让其他人从我这里受益，然后我自己才能受益，才能过上想要的生活。你的工作能为多少人服务，能让多少人直接或间接受益，以及在多大程度上受益，决定了你能实现多大的理想。以众所周知的马云为例，他的工作让购物变得便捷，让无数人受益，他也就成了成功人士。

所以，制定自己的理想目标时，应花时间想想自己要为哪些人服务，他们需要的和想要的是什么，如何使他们因你的工作而受益。这些问题的答案会让你的生命变得更有价值，会让你的内心有更大的工作动力，当然也就会让你渴望的目标更容易达成。

 ## 5.7 绩效目标

从时间维度上讲，绩效目标的时限比梦想目标和理想目标的时限更短。在实现梦想目标和理想目标的过程中，会有一些重要的时间节点，这些时间节点具有里程碑意义。对于你们而言，具有里程碑意义的时间节点当然是中考和高考——你如果正在读高中，那就只剩高考。

绩效目标与理想目标、梦想目标的关系可以用爬楼来解释。如果后者是10楼，想要到达，你必须先从1楼爬到2楼、3楼……达成时限较短的绩效目标，是达成理想目标和梦想目标的必要条件。

请使用学霸工具包4"绩效目标工作表：我会交付什么？"，来制定自己的绩效目标，如表5-7所示，并根据目标的两大原则逐条检视、反复修改，直到制定出真正有效的绩效目标。

表5-7　学霸工具包4"绩效目标工作表：我会交付什么？"

渴望，鼓舞	初衷，承诺

在"渴望，鼓舞"一栏，请根据你目前的情况和想法，制定你的中考或高考目标，这个目标要 99% 由你掌控，带有一定的挑战性，同时也要有可能实现，属于那种跳一跳就够得着的目标。

而在"初衷，承诺"一栏，所填写的内容则要具体一些。在小 D 的"目标金字塔"的这一栏中，他最后写的是：我承诺在 1 年内修复和父母、老师的关系，恢复正常的学习状态，养成"情绪管理"和"合理使用手机"两个习惯。这些承诺将帮助他实现"渴望，鼓舞"一栏里的目标，并迈向理想目标和梦想目标。要想让"初衷，承诺"一栏里的内容发挥作用，你还需要一个子工具包，如表 5-8 所示。

表 5-8　学霸工具包 4.1"问题—目标转化表"

问题（不想要的）	目标（想要的）

学霸工具包 4.1 是用来把你的学习干扰项变成学习潜能项的。

现在请你开始行动。

1. 请在"问题（不想要的）"一栏里，列出你全部的问题，它们是你的学习干扰项，如注意力不集中、和父母的关系不和谐、自信心不足等。

当列出全部的问题之后，你就得到了一个问题清单，可以数一下有多少个问题。如果问题的数量少，恭喜你，说明你的学习干扰项少，学习潜能已经得到了较好的发掘，你可以继续使用"学霸 8 步法"让自己的学习潜能得到进一步的激发，让自己的学习成绩更上一层楼。

如果你的问题清单比较长，包含的项目比较多，也恭喜你，说明你有很大的学习潜能，你应当准备好迎接自己大幅度的进步。按照"学霸8步法"一步一步地执行，你会给自己和身边的人一个大大的惊喜。

2. 请在"目标（想要的）"一栏里，把你列出的问题逐一转换为你的目标。

小 D 的"问题—目标转化表"如表 5-9 所示，可供你参考。

表 5-9　小 D 的"问题—目标转化表"

问题（不想要的）	目标（想要的）
师生关系紧张	修复师生关系，养成情绪管理的习惯
亲子关系紧张	修复亲子关系，养成情绪管理的习惯
沉迷手机	养成合理使用手机的习惯

要做到这一点，有两句咒语可以帮助你。

咒语一：每一个问题背后都有美好的正向期待。

这句咒语的另一种表达方式是：每一个"不想要的"问题背后，都有一个"想要的"目标。"不想要的"问题和"想要的"目标，其实是一枚硬币的两面，从来没有分开过，只是很多人没有把问题转化为恰当的目标。

咒语二：我设立一个什么样的目标才能让问题消失？

比如，在小 D 的"问题—目标转化表"里，问题是"师生关系紧张"，与之对应的目标则是"修复师生关系"，因为后者能让前者这个学习干扰项消失，进而变成学习潜能项。

又如，可以通过养成合理使用手机的习惯使"沉迷手机"这一项消失，因而与之对应的目标是"养成合理使用手机的习惯"。

你要密切注意，目标不应包含否定词，而应正向聚焦，符合 PURE 原则中的"正向地陈述"。比方说，小 D 当时在将问题转化为目标时，对应"师生关系紧张"，他写的目标是"让师生关系不紧张"，这样的目标显然无法激励他，所以他将其更改为目前的样子。

现在，"问题—目标转化表"里有了两个清单。前面一栏是问题清单，是你不想要的，是你的学习干扰项，是给你的学霸之路设置障碍的坏家伙。而后面一栏则是你的目标清单，是你的学习潜能项，这些目标逐一达成之时，就是你成为学霸或超越学霸之日。

3. 把"问题—目标转化表"沿中间的竖线剪开，并把"问题（不想要的）"那部分（问题清单）扔掉。跟你的问题说再见，把注意力聚焦在目标上。

4. 选出优先目标。

现在的目标清单就是你的绩效目标清单。你会发现要想实现理想目标、梦想目标，你可能需要达成多个绩效目标。请根据紧急程度选出你需要优先达成的目标，为制定更为具体的过程目标做好准备。

紧急程度没有统一的判断标准，你需要根据自己的情况进行判断，当前急需达成的目标就是你的优先目标。你可以根据目前每天的任务量来决定把哪几个目标列入日程，建议目标不要太多，最好只比平常多 1 个，最多不要超过 3 个。

(5.8) 过程目标

过程目标是你眼前的那几级台阶，想要从 1 楼爬到 2 楼（绩效目标），再爬到 10 楼（理想目标和梦想目标），你需要首先跨过它们。

从小 D 的"目标金字塔"你也能发现，过程目标的制定跟绩效目标直接相关，它是对绩效目标的进一步细化。

"学霸 8 步法"的第一步并不涉及过程目标，过程目标的制定将会在第五步完成。

先不要急着读下一章，花些时间去设计自己的"目标金字塔"，花 3 天、5 天，甚至一周的时间都是值得的，这是你成为学霸并最终超越学霸的第一步，对你眼下的学习以及一生都很重要。

从绩效目标中选出一个你觉得最为紧急的，按照下一章的步骤开始行动吧！

第 6 章 | 学霸第二步：形成合力
——一招把家长、老师、同学变盟友

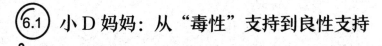

6.1 小 D 妈妈：从"毒性"支持到良性支持

小 D 妈妈初到我工作室的时候，满是愤怒和沮丧。

她的愤怒是对儿子的。她历数了小 D 几个月来的"堕落"和"不可理喻"，她无论如何也想不通原来那个优秀、上进、懂事的儿子怎么会一夜之间变成这副样子。而她的沮丧则是对自己的，她觉得自己是个失败的、无能的母亲，没能教育好孩子，会耽误孩子一辈子。这样下去，儿子的前途将会是一塌糊涂，儿子的人生将是失败和灰暗的。说到这里，她的脸上写满了恐惧。

小 D 妈妈长久地饮泣，很是痛苦。

等她情绪平复一些之后，我问她想要的是什么，想要获得怎样的帮助。她说她想要让儿子重新振作起来，好好学习；她说她看到儿子也很痛苦，远远不像之前那么快乐。

我问她，这个想要的背后有什么样的更大的期待，她真正想要的是什么。

她说，儿子重新振作起来，好好学习，有好的未来，有幸福的人生，这就是她真正想要的。

我继续问："这对您来说很重要吗？为什么那么重要？"

小 D 妈妈看着我说："我是他妈妈，他是我儿子！我爱他！"

我说："您爱自己的儿子，想要支持他，帮助他获得幸福的人生。包括近来您的所作所为，虽然孩子不接受，但也是您支持他的表现。"

小 D 妈妈想了想，说："是的，老师。可是这样的支持他不接受，这样的支持是……'有毒'的。我该怎么办？"

我接下来询问她，儿子小 D 几个月前还是一个优秀、上进、懂事的孩子，那时他们之间也会有分歧，甚至吵架，当时她是怎么做的，怎么给儿子良性支持的。

小 D 妈妈回忆了当时她的有效做法。

我又询问她，近几个月来，虽然他们相处得很糟糕，但是有没有相对不那么糟糕的时候，相对平和一些的时候，儿子有没有相对振作一点的时候，当时她作为妈妈是怎么支持孩子的。

小 D 妈妈又回忆了几个这样的场景，说她当时是怎么做的。

总结起来基本是，那些时候小 D 妈妈都更有力量，情绪更稳定，更能理解孩子，并且态度相对温和，觉得儿子并不是那么不可救药；都是自己不那么纠结于"不想要的"问题，而把注意力集中于"想要的"目标上的时候。

最后，小 D 妈妈决定采取新的方式（她自己已经用过的有效方式）跟儿子相处。接下来的一周时间里，她不再指责小 D，而是温和地对待他。虽然在这一周里，小 D 仍然对妈妈很冷漠，但当妈妈提出要他一起到我的工作室时，小 D 没说同意，也没说不同意，默默地换了衣服，站在妈妈面前。后来，在工作室里，小 D 妈妈说到了这一幕，说到儿子换好衣服站到自己面前，她说当时自己的眼泪流了下来。那一刻，她知道儿子跟自己和解了，"我儿子又回来了，我原以为我把儿子弄丢了"。

"毒性"支持怎样影响学习？

我知道很多青春期的少年对父母有意见，甚至有很深的怨念，更有甚者可能跟父母的关系挺紧张——但愿正在读这本书的你不在此列。即便如此，你也不用担心，本章就是协助你解决这个问题的。

与父母的关系，既可能是你的学习潜能项，也可能是你的学习干扰项。亲子关系密切，有助于你发掘学习潜能；但如果亲子关系糟糕，它就会成为你的学习干扰项，很大程度地降低你的学习动力。它让你凭空多了一项外部竞赛：与父母的竞赛。它同时也给你参与内心竞赛增加很大负担：心情糟糕，对父母满是愤怒，同时还满是内疚。亲子关系糟糕，会让家庭里的每一个人都很痛苦，本来血浓于水的父子（女）、母子（女），变得形同陌路，甚至变成同一个屋檐下的"敌人"。这是世界上最大的痛苦之一，人在这种状况下会无力前行，当然也很难有动力和心力去学习。

我在工作中遇到过很多类似的案例，很多所谓的"问题孩子"，所谓的"学渣"，都生活在矛盾重重的家庭里。要知道，痛苦的不只是孩子一个人，而是家庭里的每个人。这种家庭里的每一个角色——爸爸、妈妈、孩子，都说过自己有"不想回那个家"的感受。心理学家把这种感受称为"缺乏归属感"。

归属感是一种在团队中被接纳、被重视、被包容的感觉。大量研究表明，归属感可以让人全身心投入、不受负面情绪干扰，从而优化学习效果。在斯坦福大学的教授们所列出的科学的学习方法里，有一项就是"归属感"。

你能想象吗？仅仅因为穿的衣服不同，人的归属感就会发生变化，学习的效果就会有很大不同。

有3组学前班的小朋友，被要求玩一个很有挑战性的拼图游戏。第一组小朋友只拿到拼图，每人独处一个房间开始拼。第二组小朋友则穿着写有数字3的衬衫，老师分别告诉他们说："你是3号小朋友，任务是拼图。"第三组小朋友则穿着蓝色衬衫，老师分别对他们说的则是："你属于拼图组，拼图组的任务是拼图。"

每个小朋友都独处一室，独立完成拼图任务。但穿蓝色衬衫、知道自己属于拼图组的小朋友，比其他两组坚持的时间长40%。也就是说，小朋友即便没有看到小组的其他成员，仅仅知道自己属于拼图组，也有着更坚定的"拼"下去的意志。这就是归属感在学习中所起的作用。

到这里，你大概已经明白这是一个与学习有关的实验。当然，你也可以对实验结论表示怀疑：小孩儿嘛，好糊弄，给点儿阳光就灿烂，给点儿糖豆就撒欢，这个实验没什么说服力。

让我们来看看成年人会怎样，这些家伙可都是老油条。

学习专家也对成年人做了类似的实验。两组成年人各拿到一道很有挑战性的数学题，他们胸前贴有表明身份的贴纸：一组的贴纸上写着"解题组"，另一组的贴纸上则写着"解题人"。结果，自认为属于解题组的人会坚持更长时间。

老油条们也"上当了"，属于某个团队的感觉，有归属的感觉，让他们的学习动力增加了。

你的家庭是一个团队，你的班级、学校是一个团队，你和你的老师可以组成一个二人团队，你和你的"老铁"也可以组成团队。团队中的每个人都相互支持，都有归属感。

实际上，团队里的每个人都希望大家能相互支持，只是正如小D妈妈说的那样，有些支持是"有毒"的。我知道有些少年在家庭、学校和班级里归属感不足，甚至完全没有归属感，得不到良性支持，得到的是"毒性"支持，有的则是没有得到支持。良性支持、无支持及"毒性"支持，对人的感受影响很大，如表6-1所示。

表6-1　支持的对比：良性支持、无支持与"毒性"支持

良性支持		无支持		"毒性"支持	
信息	激发潜能的正向感受	信息	形成干扰的负向感受	信息	形成干扰的负向感受
你是被关注的	安慰、放松	你是不被关注的	焦虑、闷闷不乐	你不应该在这里	恐惧
你被看见	平和	你不被看见	捣乱也要引起关注	你是个坏孩子	羞辱
你有价值	振奋	你没价值	空虚	你是个麻烦	自责和羞耻
你的努力很重要	动力感、能力感	你的努力都白费了	没用的	你只会索取	负罪感、成为负担
你是受欢迎的	归属感	你不属于这个团队	多余的	你遭人厌烦	想要离开和逃跑
你属于这里	献身的	有你不多，缺你不少	担心的	你没资格待在这里	被拒绝、被抛弃
你是独一无二的	有潜力的	你就那样	被动、消极	你比其他所有人都差	无望的

　　长期处在良性支持下的学生，与长期处在无支持、"毒性"支持下的学生相比，学习动力和学习成绩往往有着明显的差别。

　　还记得你学习走路时的场面吗？当时你之所以处在心流状态，凭着学习本能自然而然地学会了走路，与你身边每个人都是良性支持者有非常紧密的关系。

　　如果从"谁对谁错"的角度出发，虽然我也是老气横秋的成年人，但我并不想为父母和老师们辩护，说他们的所作所为没有问题，责任只在你们这一边。我也知道很多处在这种状况下的少年，像小D那样采取了与大人"战斗"的方式，也有的像小Z一样采取的是"逃跑"的方式。

很多少年像小 D、小 Z 那样，通过"战斗或逃跑"来展示自己长大了，展示自己的力量，来对抗无支持或"毒性"支持。但我想说，这些都不是真正有效的方法。

真正有效的方法是：管理关系。

是的，少年，你已经有力量管理自己的关系了，你可以通过管理关系赢得良性支持了。我知道跟父母拥有亲密的关系也是你内心最深处的渴望，你只是还没有找到合适的方法和策略。

儿子的最后通牒

小 L 想让爸妈给他买一辆炫酷的电动车：周身闪亮亮，喇叭特别响，在保定按喇叭，北京都能听到，车速也很快。但爸妈不给他买，一来觉得不安全，二来觉得骑这种电动车的都不像"正经"孩子。

因为这件事，一家三口闹得不可开交。小 L 软磨硬泡，用尽各种办法，见父母始终不答应，就给妈妈留了张字条，上面写着：人的忍耐是有限度的，限你们 3 天之内把车买来，不然后果自负。

妈妈见到字条，问他会有什么后果，小 L 微微一笑："到时候你就知道了。"然后对着妈妈竖起了 3 根手指："倒计时 3 天。"从那以后，小 L 不再跟父母闹，该吃饭吃饭，该上学上学，剩下的时间就待在自己的房间里。妈妈数次敲门，小 L 都不搭茬儿。妈妈隔着门想和他沟通，也只得到他"废话少说，3 天后见分晓"的回复。

妈妈无计可施，不再敲门。家里突然安静了，但这安静里充满恐怖的气息。头一天，妈妈跟爸爸说这事，爸爸怒了："反了他了，还威胁我们！就不买，看他能怎么办。"但到了第二天，小 L 神色平静地对父母竖起 2 根手指，说完"倒计时 2 天"之后，爸爸也坐不住了。

爸爸妈妈跟小 L 说："我们一起找个老师想想办法吧。"小 L

倒是没拒绝，因为觉得自己胜券在握。于是一家三口一起来到我的工作室。

爸爸妈妈介绍了情况之后，我照例问他们想要的是什么。他们说，想要孩子安全，那款电动车的车速太快，他们觉得不安全。小L则反驳说，这只是借口，因为他已经反复保证会开慢一些了。

我就问小L真正想要的是什么。小L有点不屑地说："电动车嘛，我说得很明白了。"

我继续问："假如要到电动车，你会怎样？"

"心情好呀，爽呀，我也会安心学习。"说完，他突然提高了音调，很悲伤也很气愤，"一辆电动车而已，他们推三阻四，就不给买。和我一起玩的同学人人都有，就我一个人没有，我不要面子的吗？"

我又问道："所以你感觉这样很没面子。孩子，那么你想要的是什么？"

"面子呀，尊严呀！"

我把头转向他父母："孩子真正想要的是面子和尊严，这是二位也想要的吗？"

爸爸说："当然了，父母不都想让自己的孩子有面子、有尊严吗？我每天在外面打拼，不就是想让他娘儿俩有尊严吗？"

我说："您用的是一个问句，如果用一个肯定句，您会怎么说？"

爸爸说："当然，孩子的面子和尊严，也是我们想要的。"妈妈也很肯定地点了点头。

我又问小L："刚才你爸妈说，你的面子和尊严也是他们想要的，另外他们也说想要你安全。你刚才说骑车时会慢些，我可不可以理解为安全也是你想要的？"

小L说："当然。"

我说："看来，你们一家三口真正想要的东西是一致的——面子、尊严和安全，只是在实现这个目标所用的手段上产生了分歧。安全地使用这款电动车，是达成这个目标的一种手段。我很好奇，除此之外，会不会还有其他的方法可用于达成这个目标呢？不知道你们愿不愿意探讨一下其他的可能。如果没有，再来谈电动车的事也不迟嘛。"

室内安静了一会儿，每个人都陷入了思考。突然，我注意到小L和妈妈相互看了看对方，目光交流了一下，他们转过头来看我时，神色明显都放松了下来。我问他们："好像你们有新想法了？"

妈妈说："我不知道跟儿子想的是不是一样的。他上小学的时候，一直闹着要养只大狗，我没答应……"小L这时迫不及待地打断了妈妈："我想的也是这个。你们要是答应我养只大狗，我就不要电动车了。"

一家三口笑了起来。他们开始商量把狗养在哪里，由谁来喂、谁来遛，谁当"铲屎官"，买什么品种的，金毛还是拉布拉多，或者是其他我没听说过的品种。

小L说，这会让他在朋友面前挽回面子，因为他们也都想养一只大狗，但都没有。爸爸补充说，这比买电动车还有面子，因为那是"步别人的后尘"。

事情就这么解决了，一家三口有说有笑地离开了。

⑥.⑤ 找到共同目标，赢得良性支持

要想赢得良性支持，你需要做的，就是和你的"四老"（老爸、老妈、老师、"老铁"）探讨共同的目标，而不是相互指责。

还记得那句话吗？**每一个问题背后都有美好的正向期待（目标）。**

即使父母和老师有时会给孩子"毒性"支持，这一行为背后也有正向的期待和目标。他们想要给孩子支持，尽管有时用的是孩子不喜欢的方式。作为相互爱着的一家人，父母和孩子一定有共同的目标。小 D 妈妈真正想要的，是让小 D 有"美好的未来"和"幸福的人生"，这跟小 D 的梦想目标"成为一个自尊、自立、有爱的人"是一致的。小 L 的父母想要孩子"安全""有面子""有尊严"，这跟小 L 真正的目标也是一致的。只是，在梳理清楚各自真正的目标之前，梳理清楚共同的目标之前，他们都纠结于"不想要的"问题，从而影响了亲子关系，并进一步影响了孩子的学习。

所以，和你的"四老"，尤其是你的父母探讨各自真正的目标、共同的目标，就有可能解决问题，赢得良性支持。心理学家基思·索耶率先研究了集体心流。他一生都热爱爵士音乐，他注意到，当乐队成员聚在一起，音乐响起时，人们的意识发生了根本的变化。他们的合奏产生了"整体大于部分之和"的效果，也就是 1+2 ＞ 3 的效果。家庭也是个集体，当然也可以产生集体心流，集体心流可以让其中的每一个人都得到更好的发展，让整个家庭产生 1+2 ＞ 3 的效果。而在基思·索耶的研究中，促使一个团体产生集体心流的因素有明确的共同目标、密切倾听、良好沟通、平等参与、总是肯定等。

你和父母的关系无论是暂时糟糕的，还是本来就不错的，你们都可以一起探讨目标。如果你们的关系暂时不是那么好，那么你们可能需要反复沟通数次，才能真正建立起你们想要的亲密关系，但是这样做是值得的，非常值得。邀请你的父母和你一起读这本书，会让你们的沟通变得容易一些。

请和父母一起使用学霸工具包 5"亲密家庭行动路线图"。这个学霸工具包包含了产生集体心流的要素，你们可以使用它来赢得良性支持，建设亲密家庭。

学霸工具包 5 "亲密家庭行动路线图"

一、展示你的"目标金字塔"，提出倡议

展示自己的"目标金字塔"，并告诉父母，为了达成自己的目标，你需要他们的支持。我相信，当你这么做的时候，你的父母一定会感到欣喜，为你感到骄傲，也一定会非常愿意配合你，因为这是他们真正想要的。

二、建议父母分别设计自己的"目标金字塔"

父母设计自己的"目标金字塔"所用的工具和你用的一样，也是前 4 个学霸工具包。你们是一个团队，团队里的每个人在相互支持的同时，也都是独立的个体。你的父母也有自己的个人目标，除了支持你成长之外，他们也有自己想要的未来：可能是大跳广场舞，也可能是满世界闲逛。在达成各自的目标的过程中，他们需要相互支持，当然也需要你的支持。

就像你在设计"目标金字塔"时可能需要他们的建设性意见一样，他们在设计"目标金字塔"的过程中也可能需要你的建设性意见。记住你们相互提供的一定要是建设性意见，而不是要求和命令，更不是指责。目标不必一次定完美，特别是梦想目标和理想目标，未来会进行多次调整。请记住，不完美的行动永远比不行动要好得多。

三、召开家庭会议，商讨家庭目标

你们有了各自的"目标金字塔"后，再来制定共同的家庭目标要容易一些。所用的工具仍然是前 4 个学霸工具包，只是你们要把个人目标变成家庭目标，对措辞稍做改变即可。

家庭会议可能要开好几次甚至十几次，但这都是值得的。"大脑壳"史蒂芬·柯维家制定家庭愿景和家庭目标花费了 8 个月的时间，他感叹说："建立起共同愿景就相当于建立起深厚的亲密关系，建立起有意识的团结感，建立起强烈的认同感。共同愿景具有强大的力量、凝聚力、促进力，它能以一种强大到克服一切障碍、挑战、消极因素，甚至目前积累的沉重负担的意志，使人们团结凝聚在一起。"你看，花费 8 个月的时间都是值得的。而且在制定家庭目标的过程中，你们的关系已经开始超越以往，变得更为亲密。也就是说，共同制定家庭目标的过程本身，就已经开始把你们凝聚在一起了。家庭会议不必每次都召开很长时间，那样会搞得大家很疲惫，大家每次坐在饭桌前进行十几分钟高质量的、亲密的谈话就很好。

召开家庭会议时，建议每次推举一个人为主持人——是主持人，而不是下命令的长官；每个人轮流发言，开放式地讨论。每次家庭会议的第一项任务就是商讨本次会议的目标，如制定家庭梦想目标。

主持人的作用是，判断大家的发言是否偏离了会议目标。如果谁的发言偏离了会议目标，主持人就要及时喊停；如果谁说出了带有否定性的、指责性的话语，主持人也要及时喊停，提醒其回到向着目标正向前进的轨道。

四、把制定好的个人目标和家庭目标可视化

你们可以在客厅中显眼的位置开辟一个专门的区域，用于展示个人目标和家庭目标。当亲友来访时，他们的羡慕和称赞会给你们更多的激励。同时，可视化能让目标真正成为你们的行动指南，提醒你们养成以终为始的好习惯。

五、商讨提醒手势和提示语

以终为始，就是时刻记得向目标前进。但有时候我们会忘记这一点，也可能会偏离正确的轨道，这很正常。在这种情况下，相互提醒就是良性支持。

你们可以商定自己独有的提醒手势。提醒手势应是正向的、非指责性的，越有趣、越好玩、越夸张，甚至越搞怪越好。

提醒手势可以是某部电影里某个人物的标志性动作，可以是你们在现实生活中见过的某个动作，当然也可以自创。比方说，我辅导的一个家庭，他们的提醒手势是蜘蛛侠"吐丝"的手势。在家里，当有人说出阻碍目标达成的语言，或做出与目标相悖的过于懒散的行为时，其他家庭成员就会做出蜘蛛侠"吐丝"的手势，并说"吐丝儿，吐丝儿"，大家就会哈哈一笑，立马会意。

提醒手势和提示语，是良性支持的具体化、动作化，能以有趣的方式避免"毒性"支持。

赢得老师和"老铁"的良性支持

你的老师也是你的重要他人，他们的良性支持也非常重要。

当然，老师需要同时面对很多学生，不可能像父母一样那么关注你。但其实赢得老师的良性支持并不困难，当你按照自己的"目标金字塔"开始行动之后，你的老师很快就会觉察到你的变化。他们一直准备着给每个学生良性支持，当你不一样了，你的世界就不一样了，你的老师自然也就更加支持你了。

当然，如果你能找时间把自己的"目标金字塔"展示给老师看，并告诉他你需要的支持，我相信你的老师会更加了解你，也更能提供你需要的和想要的、更好的支持。

记住这个前提：你的老师的内心深处，都有一个和你一致的目标，那就是支持你走向幸福、成功的人生。

该说说你的"老铁"了。

到了中学，你开始更愿意跟你的"老铁"待在一起，不是吗？心里的话，你常常第一时间想说给"老铁"听。青春期的友谊特别重要，会是你一生的财富。邀请你的"老铁"一起读这本书，如果他愿意，邀请他和你一起设计各自的"目标金字塔"，这将是你给"老铁"的帮助。20年、30年之后，等你们人到中年，再把酒言欢时，你的"老铁"一定会对你当初的邀请表示感谢，他知道只有真正的"老铁"才会发出这样的邀请。

当然，你的"老铁"也有可能还没准备好，那也没关系，你仍然可以邀请他做你的良性支持者。你们可以一起商定提醒手势和提示语，与他约定：在你向目标前进的过程中，如果你遇到挫折、产生懈怠，或者暂时偏离目标，请他提醒你，给你良性支持，助力你养成以终为始的好习惯。

不要"放过"你的"老铁"。"老铁"，就是在你需要支持的时候出现在你身边的那个"铁家伙"。

是时候开始行动了。

与你爱的、也爱你的人一起行动，找到并制定出你们内心渴望的共同目标，这会让你获得足够多的良性支持，让你有更多归属感，有更多学习激情和动力，像婴孩时期一样更频繁地进入心流的学习状态，让你再度发挥学习的本能。

告诉他们，你现在想要达成的绩效目标是什么，在这个目标的实现过程中，你需要他们提供什么样的支持。

第 7 章 | 学霸第三步：预演成功
——没有预演，目标再美，也会"塌房"

7.1 体会不到目标的价值，你就不会行动

有这么一个男人，突发心脏病，险些丧命，因为治疗及时才有幸活下来。

男人的妻子和医生非常关心他的健康。他们告诉男人说，想要保持健康，就要改变自己的饮食习惯，比如多吃豆芽。这样的建议被男人一口回绝。医生警告他说，如果不认真对待，他就活不了多久，但这对他无济于事。

"我绝不要成为一个常吃豆芽的人。"每当有人劝他改变饮食习惯，他都这么一口回绝。

一位名叫塔帕尼的心理学家受邀出面帮助他。塔帕尼见到这个男人之后没有劝他，而是问他，有没有什么真正喜欢做的，让他感到有激情的事情。

"嗯，我有一件非常喜欢做的事，"那个男人说，"我喜欢冰上钓鱼。我一直和我儿子一起去参加冰上钓鱼比赛，我俩是最佳搭

档，一起在冰上钓到过比任何人都多的鱼，赢得了很多比赛。不过，现在我儿子爱上了一个女孩，为她神魂颠倒，根本没时间理我，再也不跟我一起参加冰上钓鱼比赛了。我不喜欢自己一个人去参加比赛。"

塔帕尼描述了下面这幅画面来回应这个男人。

"哇，现在我脑子里有了一幅画面。一个阳光明媚的冬日，我在湖边散步。远远地，我看到了两个身影，一个大一点儿，一个小一点儿，他们肩并肩坐在便携式钓鱼凳上。我靠近他们，看到冰面上有很多他们刚刚钓到的鱼。我认出那个钓鱼的大人是你，于是我问你坐在你旁边的小孩是谁。你骄傲地说，那是你孙子。出于好奇，我伸手打开旁边的钓鱼袋，看到里面有两个盒子，一个装着鱼饵，另一个装着豆芽。我很好奇，你会怎么解释这些呢？"

男人笑了起来，说："我明白了，我理解你的幽默。你成功地说服了我吃豆芽……不管怎么样，我要活着看到这一天。"

 7.2 怎么让目标不"塌房"？

每个人在一生中都会制定很多目标，但大部分人在达成大部分目标的过程中都会半途而废。你可以问问你的女性长辈——包括你的妈妈，是不是曾经多次咬过牙、跺过脚，发誓要减肥，刚开始雄心壮志，结果……过一段时间，你听见她又在制定减肥的目标。减肥是许多女人的终身事业，就像男人戒烟一样。美国著名作家马克·吐温说："世界上最容易的事就是戒烟，我已经戒了几百次了。"

目标未达成，有时是因为目标本身不合理、不成体系，有时则是因为你没有体会到目标对自己的价值和好处。你需要体会到目标对自己的价值和好处，如果体会不到，它就不会进入你的目标清单。即使你在理智层面理解了某个目标对自己的价值和好处，将它列入了目标清单，如果没有身体上的感受，你达成目标的动力仍然会不足，你仍然坚持不了多长时间。

请注意，"你需要体会到目标对自己的价值和好处"，这是我之前的表达，其中的动词是"体会"，而不是"理解"或"知道"。"理解""知道"属于理智的范围，而"体会"属于情感的范围。如果只在理智层面知道某件事、某个目标是好的，但没有情感体会，你的动力也会不足。还记得头脑里的那两个小人儿吗？我们常常会感到自己是分裂的，因为那两个小人儿很可能就分别代表理智和感受。它们常常会打架，理智小人儿让你放下手机，但感受小人儿想要反抗。所谓身心合一，就是让两个小人儿融为一体，不再分裂，这样你才能赢得内心竞赛。而实现身心合一的一个重要方法，就是"体会到目标的价值和好处"，而让目标达成时的画面呈现出来，可以帮助你体会到这一切。

前面故事中的男人前后的变化很有趣。妻子和医生劝他改变饮食习惯，可谓用心良苦（像不像你的妈妈劝你好好学习、给你讲道理时的苦口婆心？），但男人不为所动。妻子和医生都是在讲道理，都是从理智层面让男人知道不吃豆芽的坏处以及吃豆芽的好处，但男人不为所动。而心理学家塔帕尼则是给他描述了达成目标之后的一幅画面，"看到"这幅画面之后，男人立刻改变了。

根据男人前后的变化，我们可以总结出以下两点。

（1）我们可以用不同的方式激励人们做出改变和行动：可以指出采用旧方式做事的后果，也可以指出换一种方式做事所能带来的好处。而后者，也就是谈论好处的方式通常更加有效。总体来说，人更愿意为了获得好处而做出积极的改变和行动。

比如，如果你的爸妈经常跟你说，不好好学习的话将来就会怎样怎样，这基本上不会让你产生学习的动力。

（2）指出目标的价值和好处，以激励人做出改变和行动的方式也有所不同：可以通过讲道理，让人从理智层面知道目标的价值和好处，也可以通过对成功后的画面进行描述让人体会到目标的价值和好处。而后者，也就是带有画面感的预演成功更加有效。总体来说，人更容易被成功后的画面所激励，从而做出积极的改变和行动。

我们可以得出总的结论了：预先体会到目标达成的价值和好处，可以让人动力十足。

也就是说，制定一个有效目标后，你需要预演成功，而不是立刻行动。请使用以下学霸工具包来预演成功。

学霸工具包6"目标价值工作表"

表7-1所示的学霸工具包6"目标价值工作表"里列出了一些自我激励的问题，你可以通过回答这些问题来激励自己向着目标前进。我更建议你和你的"四老"谈论目标对你的价值和好处，这会让你获得更多正向的情绪体验，让你更有动力。

表7-1　学霸工具包6"目标价值工作表"

自我激励问题		思考结果
为什么这个目标对我很重要		
实现这个目标对我有什么积极的影响	积极影响1	
	积极影响2	
	积极影响3	
这些积极影响对我的价值和好处是什么	积极影响1的价值和好处	
	积极影响2的价值和好处	
	积极影响3的价值和好处	
实现目标对其他人有什么积极的影响		
谁受益最多？他是怎么受益的		
还有谁会受益		

自我激励问题	思考结果
实现这个目标对我的家庭有好处吗？对我的健康呢	
实现这个目标会不会让我有更多机会实现梦想呢	

学霸工具包7 "创造你的内心导师"

除了你的外在支持者（你的"四老"）可以给你帮助，你还可以在心里创造一个内在支持者——内心导师。内心导师可以随身携带，可以不吃不喝、不眠不休地随时给你支持。特别是当你的外在支持者偶尔"不靠谱"、不在身边，或者你出于某些原因羞于向他们表达的时候，内心导师更能起到不可替代的作用。如果你是个住校生，父母大多数时候不在身边，内心导师的作用就更大了。

内心导师可以是真人，如你喜欢的明星、你喜欢的"大脑壳"（科学家、文学家、企业家）、你的某位长辈，也可以是你读过的书、看过的影视剧里的虚拟人物，前提是你真的喜欢甚至崇拜他。

在明星方面，因为你的父母或老师有可能对追星颇有微词，所以我想在这里跟你说3点内容（也为了显示我不是个"冥顽不灵"的人）。其一，几乎每个人在少年时代都会追星。其二，追星本身没有问题，如何恰当地追星才是更需要关注的。判断追星是否恰当有一个标准，即追星是有利于你实现自己的人生目标和梦想，还是让你迷失自我，阻碍你实现自己的人生目标和梦想。如果是前者，那就去追吧。其三，没有人能随随便便成功，你所追的明星付出的努力而非天赋会给你更多的启发和力量。

比如，笔者的大女儿非常喜欢某男艺人，除了关注他帅气的外貌之外，她也关注他的努力（"拼"），对他会多门外语也十分钦佩。她的英语成绩常常是满分，这跟她在英语学习中把该男艺人设为内心导师不无关系。

创造内心导师的步骤如下。

（1）选择你喜欢或崇拜的现实的或虚拟的人物——可以有几个，分别负责在不同目标的实现过程中扮演内心导师的角色，在你预演成功时，在你遇到挑战时，给你提供动力、智慧和能量。

（2）选择一个需要预演成功的目标，或者你将面对的挑战。

（3）在心里请出合适的内心导师，想象他站在你面前——越真实，越有画面感，越会给你提供强大的动力。若是要预演成功，就要想象这位内心导师在向你提问，所问的问题就是学霸工具包6"目标价值工作表"里的，只不过问题里的"我"被换成了"你"。如果遇到挑战，想要向内心导师求助，可以想象一下：那个内心导师会建议你如何应对这个挑战？那个内心导师会提醒你拥有什么样的潜能？那个内心导师会提醒你已经拥有什么资源？（怎样通过提问发掘潜能和资源，后续章节会进行讲解）那个内心导师会为你提供什么样的建议或信息？

（4）回答内心导师的提问，或说出自己得到建议后的想法和感受，以及你的信心和动力提升了多少。

（5）在日记本上记下这次对话的场景和内容。

学霸工具包 8 "成功视觉化和精神彩排"

为了成为学霸，你每天都在练习解题，练习到一定程度时，解题技巧就被输入你的"肌肉记忆"，于是在考试时，你就有更高的解题效率，从而获得更好的成绩。另外还有一些练习可以帮助你在内心竞赛中获胜，并支持你参与外部竞赛，让你真正成为学霸。

运动心理学家常常使用"成功视觉化"的方法，帮助运动员提升能力和改善表现。有这么一个例子，运动心理学家把体操运动员分成两组，他们都将学习一个新动作，老师也给他们演示了这个新动作。第一组运动员应运动心理学家的要求，在头脑中想象一个画面，在这个画面中，他们成功地做出了这个动作。而第二组运动员没有接收到特别的训练指示。几周以后，两组运动员开始正式学习和训练这个动作，同样都没有经过预先的身体练习，第一组运动员的成功率是50%~60%，而第二组运动员的成功率只有10%。

还有一个例子，为了练习罚球，一个篮球队被分成两个小组。一组进行了实际投篮练习，另一组被安排坐在场外进行精神练习，在头脑中想象自己正在投篮，而且成功投进。这两个组比赛后，那些进行精神练习的运动员比那些进行实际投篮练习的运动员投进了更多的球。

相信聪明的你，看了这两个例子之后，不仅不会否定做作业的必要性和重要性，而且会认识到精神练习的重要性。成功视觉化和精神彩排的原理相同，所以我把它们列入同一个工具包。面对不同的场景时，你可以把它们分开使用。具体来说就是，成功视觉化更多地用在树立目标之后，以激发动力，让目标的达成变得更为顺利；精神彩排则可以用在遇到挑战或可能遇到挑战时。

成功视觉化步骤

（1）选定一个目标。

（2）想象你达成目标时的画面——越生动、越真实，细节越丰富越好。时间：目标达成时是什么时候？——上午？下午？傍晚？深夜？地点：目标达成时你在哪里？——家里（客厅还是自己的卧室）？学校里（教室还是操场）？人物：目标达成时，都有谁在场？场景：当时的场景是什么样的？神态：你们有什么表情？语言：你们都说了些什么？动作：你们都做了什么动作？心理：你们有什么样的感受？想到了什么？

描述时间、地点、人物、场景、神态、语言、动作、心理，像不像写记叙文？记叙文记叙的就是事情发生时的这些细节，你不需要将其写成文章，把你达成目标时的画面场景化就可以了。心理学家塔帕尼帮助那个患心脏病的男人时，就用了这个技巧。

精神彩排步骤

（1）选择一个对你有挑战性的场景，如一场重要的、让你有压力的考试。

（2）请出你的某个内心导师，这个导师在这样的场景里可以应对自如。在头脑中想象一个画面，你的那个内心导师在这样的场景中，而你是观察者，看他是如何行动的。

（3）把自己代入那个画面，自己开始做、看、听，并感受画面中的一切。

对于以上工具包，你不需要每个都用，但你可以将每个都试用一下，最终选出用起来最顺手的那个，或者你可能会把这几个工具包结合起来，创造出一个你独有的新的工具包。

是时候开始行动了。

针对你选定的那个绩效目标，使用学霸工具包 6，探讨这个目标对自己的价值和好处；使用学霸工具包 7，找到一个能始终向着目标前进的人作为你的内心导师；使用学霸工具包 8，进行成功视觉化和精神彩排，想象达成目标时的你与现在的你会有什么不同，感受你在这一步之后内心的力量增加了多少。

第 8 章 | 学霸第四步：激发潜能
——你有多大潜能，你还不知道

 8.1 **"学渣"：烂木头还是铜豌豆？**

我从事教育行业多年，跟无数孩子打过交道，但我第一眼看到小 J 时，还是有点吃惊。

他的衣服脏兮兮的，校服前襟的某某中学字样从白色变成了灰色。他低着头，耷拉着眼皮，看着地板，半个身子藏在妈妈身后。即便是听话地按要求跟我打招呼时，他的脑袋和眼皮也没稍稍抬起一点，声音像是从地底下传出来的。他的整个身体姿势都表明他要把自己藏起来，全部的肢体语言仿佛都在说一句话："让我消失。"

坐下来后，妈妈开始说明情况。小 J 的成绩从小学四年级就开始倒数了，为提高成绩，他常常写作业写到夜里十一二点，有时甚至写到凌晨一两点。妈妈历数了他的不争气，他的不开窍。妈妈说，小时候挺机灵的一个孩子，一、二年级时还好，从三年级开始走下坡路，四年级时跌到谷底，就这样跟跟跄跄地读到了初一，真不知道他该怎么往下走了。他也很听话，让干什么就干什么，但越来越像一根烂木头。说他笨吧，但他玩乐高没有对手，他就是在学习上不开窍。妈妈说这些时，小 J 把头埋得更低了。

说完儿子，妈妈又开始说小 J 爸爸脾气暴躁，自己也容易急、没耐心，老是骂孩子。妈妈问："老师，这孩子是不是被我们骂傻了？"见我没有回答，她接着自言自语道："一定是我们把孩子耽误了，我们对不起孩子！"

房间里的空气此刻仿佛处于半凝固的状态，像是黏稠的胶状液体。我觉得需要先说点儿别的，让空气流动起来，就问小 J："妈妈说你玩乐高没有对手，你愿意聊聊乐高吗？"

小 J 稍稍抬起头，试探性地看看妈妈。妈妈说："老师让你说，你就说呗。"小 J 笑了笑，算是"说"了。

我继续问："什么叫没有对手呢？"

小 J 说："谁也没有我拼得快、拼得好。"他的声音大了一些。

妈妈拿出手机，让我看了一张照片，照片中是用乐高拼成的苏州园林，挺大的工程。妈妈说，用一万块乐高拼成的，别的同学要花一个星期甚至 10 天才能拼好，小 J 两天就拼好了，而且用的还是课余时间——他的时间本来就比别人的少。

我惊讶地问他是怎么做到的，小 J 风轻云淡地说："简单得很，看看图纸，拼就是了。"他的话还是很简短，但是言语之间，少年的傲然不屈却隐约可见。我知道，这才是小 J 真正的样子。

我们还是得谈学习。谈话进行到一半，小 J 的头仍然低着，但已经处于半低的状态。我觉得时机差不多了，就问小 J："说了这么多，我知道你这几年在学习上过得很不容易——成绩垫底，写作业写到深夜，感觉每个人都瞧不起你。我想知道的是，尽管这么难，这么不容易，你每天还在坚持上学，还能坚持写作业写到深夜。我扪心自问，换作是我，我不一定能坚持下来。可是，你是怎么做到坚持上学和写作业的？"

小 J 嗫嚅道："我妈逼我的。"

我继续问："看来妈妈是在用自己的方式支持你。我还是有点好奇。妈妈送你上学，从下车的地方到教室是有一段路的，而这段路是你自己走的。你还是个孩子，又这么不容易，怎么还能一步步走到教室呢？4 年来，你每天写作业写到深夜，虽然妈妈坐在你身边，可是每个字都是你自己一笔一画写下的。这么不容易，你是怎么做到坚持不放弃的？"

小 J 起先有点疑惑地看着我，眼圈慢慢开始泛红，然后趴在了桌子上，肩头微微抖动。我知道他在啜泣，便把手轻轻放在他肩膀上。妈妈见状也伸出胳膊揽住他。小 J 大哭起来。

他哭了好几分钟，然后抬起头看着我。痛哭消耗了他的一些力气，使他看上去有点无力，但这时的他是抬着头的，是看着我的眼睛的。对于刚才的大哭，他似乎有点难为情，不好意思地笑了笑，等着我继续说话。

我说："孩子，我想到了两个东西，一个是烂木头，一个是铜豌豆。元代有一位剧作家叫关汉卿，他说自己是'蒸不烂、煮不熟、捶不匾、炒不爆、响珰珰一粒铜豌豆'。烂木头和铜豌豆，你觉得自己更像哪一个？"

"铜豌豆？"小 J 有些犹豫和迟疑。

我问："有几分是铜豌豆？"

小 J 说："3 分。"

我说："你有 3 分是'蒸不烂、煮不熟、捶不匾、炒不爆、响珰珰一粒铜豌豆'，是这样吗？"

"是的，老师。"小 J 说。

"你愿意重复一下这句话吗？"

小 J 说："我有 3 分是'蒸不烂……捶不匾……响珰珰一粒铜豌豆'。老师，我记不全。"

"那不重要。我想确认的是，此刻，你觉得自己是烂木头还是铜豌豆？"

"铜豌豆。"

"确定？"

"确定！"小 J 的眼睛里闪着少年傲然不屈的光。

…………

全部咨询结束之后，我没再见过小 J。一年后的春节期间，我接到小 J 妈妈打来的拜年电话，她说已经上初二的小 J 的成绩属于中上等了。小 J 妈妈说，最让自己开心的不是小 J 成绩的提升，而是小 J 整个人的精气神都变得不一样了，小 J "眼里有光了"。

8.2 翻转硬币：找到你的内在力量

之前，我们一直在目标上做工作，一直在"3W 学霸思维法"的第一个 W（want）上做工作，是时候看看第二个 W（work）"有什么"了。

目标已经明确，在开始向着目标迈进时，你需要找到信心和力量。如果没有信心和力量，目标就无法达成。不纠结于缺点，而是把注意力聚焦于资源，是学霸的第二个秘密。正是这个秘密，让学霸有了足够的信心和力量，对目标有了足够的掌控感（还记得心流的 9 个要素吗？其中一个就是掌控感）。想要获得外部竞赛的胜利，你必须先获得内心竞赛的胜利。内心竞赛的胜利说到底其实很简单：如果你认为你可以，你就可以；如果你认为你不行，你就真的不行。

心理学家迈克尔·热尔韦说："世界上只有两种想法，一种是禁锢我们的想法，另一种是让我们的心胸更开阔的想法。消极想法会禁锢我们，积极想法会让我们的心胸更开阔。而且你能感受到二者的不同。我们要寻求的是让我们的心胸更加开阔。积极的自我对话就是选择那些能为你开拓发展空间的想法。"

积极的自我对话，需要你把注意力更少地放在"缺什么"上，更少关注自己的缺点，同时更多关注自己"有什么"，看到自己的学习潜能项而不是学习干扰项，看到自己的资源和力量，而不是缺点和问题。而且，你的资源和力量往往不在别处，不在天边，就在你的缺点和问题的另一面。你的学习潜能项往往也不在天边，就在你的学习干扰项的背面。它们就像一枚硬币的两面。如果你一直看着缺点和问题的那一面，你会觉得这就是整个世界。其实不然，当你把硬币翻转过来，世界就变了样子。

就像小 J，学习成绩长期垫底，写作业总是写到深夜，看起来确实糟糕透顶了。糟糕好像成了小 J 的整个世界的代名词，从这个角度看，他真的是一根不折不扣的烂木头。但这并非世界的全部，只是硬币的一面而已。在硬币的另一面，一个十几岁的孩子，长年处在如此辛苦、困难的境地却仍然没有放弃，仍然在每天坚持，我们只需要仔细想想就能知道：他的身体里藏着巨大的、难能可贵的力量。这么长的时间里，压力和困难都没有压垮他，他内心里潜藏的不是一般的力量，只是这力量没被他看见。如果它被看见、被激发，就能帮助小 J 冲破阻力、克服困难、战胜挫折，赢得内心竞赛，并赢得外部竞赛，奔向自己的梦想之路。小 J 是'蒸不烂、煮不熟、捶不匾、炒不爆、响珰珰一粒铜豌豆'，只是他自己不知道，甚至以为自己是一根烂木头。从他——你也一样——知道自己是铜豌豆的那一刻起，他——还有你——就变得不一样了。

当然，我不会告诉你说这很容易，因为那不符合事实。我们的大脑偏好负面信息，总是在第一时间探索危险的事物。在美国加利福尼亚大学伯克利分校进行的实验中，心理学家发现，我们接收 9 比特（比特是信息量单位，我和你一样搞不清楚，知道它是信息量单位就行了）的负面信息后，才会接收 1 比特的正面信息。9∶1 这个糟糕的比例还是在最佳条件下才得到的，而你是知道的，最佳条件一定不会是常态。

　　人类进化了几千万年，绝大部分时间都处在危机四伏的环境里。只有对负面信息（那边有头豹子，这里有鬣狗的气味等）更加敏感，人类才能提高警惕、逃离险境，安全地生存下来。如今，我们有幸生活在太平盛世，过多的负面信息所导致的消极想法则成了障碍。消极想法会增加压力，会摧毁信心，会让我们看不到自己的内在力量，会破坏学习能力和创造力，会让我们没有力量向着目标前进，甚至会让我们不敢给自己树立一个目标。

　　顺便问一下，你在读前面几章时给自己制定目标了吗？或者在制定目标时内心是笃定的吗？如果答案是否定的也没关系，这很正常，因为制定目标也需要信心和力量。很多人不敢给自己树立目标，因为害怕失败，或者即便树立了目标内心也不笃定，因为没有信心。你可以使用这一章提供的学霸工具包进行练习，让自己有了更多信心和力量之后，再回到前3步，重新树立目标或梳理自己的目标。

　　信心和力量不会凭空产生。为了保持学习能力和创造力，成为学霸、超越学霸，我们需要刻意练习，多进行积极的自我对话。心理学家芭芭拉·弗雷德里克森发现了"积极比率"，即3个积极的想法才能抵消1个消极的想法。她说："3∶1，我们发现这个比例是一个临界点，超过这个临界点，积极情绪的全部影响就会释放出来。"

　　当然，你可以叫上你的支持者们一起练习，在你们之间形成外在的积极对话，各自练习内在的积极对话。如果内在的积极对话和外在的积极对话同时进行，你赢得内心竞赛、发掘学习潜能就容易得多了。

　　请用下面几个学霸工具包练习积极的自我对话，以汇聚信心、汇聚力量，为达成目标提供源源不断的动力。

8.3 整理你的优点

送你一首诗——《我们最深的恐惧》，由美国著名作家玛丽安娜·威廉姆森所写。

我们最深的恐惧，
并不是我们没有能力；
我们最深的恐惧，是我们的能量深不可测；
是自己的光芒，而非遇到的黑暗，
让我们惊恐不已。
我们自问：
那个灿烂、辉煌、聪慧、夺目的人是我吗？

事实上，
你是上苍的孩子。
把自己变得渺小，掩盖光芒，
就无法服务于世界。
为了让他人感到放松，
而收敛自己，
毫无意义。

每个人注定要闪耀光芒，
像孩子一样，照亮世界。
我们天生就要表现自己内在的荣光，
不是某个人，
而是每个人。
当我们光芒四射，

不知不觉间也让他人信心百倍。

当我们将自己从恐惧中解放，

我们的存在，也自然而然地解放了其他人。

或许你从小被反复教育要谦虚谨慎，那当然是一种美德，但谦虚谨慎如果是以讨好他人为目的，那不但帮不了别人，更帮不了你自己。你本是一个发光体，本就不该掩盖自己的光芒，大胆地发光，才能真正照亮自己，并照亮他人。

"尺有所短，寸有所长。"无论你现在已经是学霸，还是暂时排在后面，你都有优点。请把它们罗列出来，用它们激励自己，让自己发光。

当然，你可以叫上你的支持者们，请他们和你一起使用表 8-1 所示的学霸工具包 9 "优点整理表"来整理你的优点，他们既会对你已看到的优点进行佐证，又会发掘出你自己没看到的优点。

表 8-1　学霸工具包 9 "优点整理表"

项目	优点	证据 1	证据 2	证据 3
个性				
能力				
其他				

请记住，这个表格的行数和列数都可以无限增加，但是每个项目都应对应至少 3 个优点，每个优点都应对应至少 3 个证据，上不封顶。每找到一个，就问一句："还有呢？"直到感觉再也找不到为止，此时再问一句："假如还有一个，会是什么？"直到真的再也找不到为止。

凡坑都有矿

系统地整理自己的优点，并常态化地让它们激励自己，你就开始成为一个自带光芒的自我激励者了，但你还可以做得更多。

优点是显而易见的资源，在水面以上，肉眼可见。但你的资源不止于此，在水面以下，在不可见的深水区，你还有更多意想不到的资源，那就是我们一直在说的潜能和潜力。它们被藏起来了，每个人的使命，就是把自己潜藏起来的能力和能量打捞上来，让它们照亮自己，照亮世界。

对于图 8-1 所示的阴阳太极图，你一定很熟悉。黑色部分代表阴，我们可以把它类比为我们身上的缺点。因为我们的大脑偏好负面信息，所以它们吸引了我们太多的注意力，导致我们不停地产生消极想法。白色部分代表阳，我们可以把它类比为我们身上的内在力量。

图 8-1　阴阳太极图

这个世界上有两种解决问题的思路：一种是把注意力聚焦在阴面，花力气去"缩小"缺点，让阳面的占比更大；另一种是把注意力聚焦在阳面，培养力量，当阳面越来越大时，阴面自然就会越来越小。

人们通常喜欢用前一种思路，你大概对此很熟悉，因为你常常会收到提醒，被告知你还有什么缺点需要改正。你回忆一下当时的感受，一定会发现那样的提醒通常会让你更不舒服、更没动力，而不是激发你战胜问题的信心和斗志。所以，作为一名教练，我推荐你使用后一种思路，因为这会让你更有信心和动力。

如果房间里空气污浊，你有两种解决问题的方式：一种是用空气净化器把污浊的空气消除；另一种是打开窗子，让新鲜的空气进来。前一种方式相当于把注意力集中在缺点上，致力于消除它们；后一种方式相当于把注意力聚焦在资源上，致力于增加正向资源。你很清楚用哪种方式会更加便捷、更加顺畅。

潜能其实没有那么神秘难寻，我告诉你潜能的一个秘密位置：潜能就在缺点之中，矿就在坑里。

还记得第 2 章里小 Z 的故事吗？小 Z 说自己是个自卑的人（问题）。我问他想要的是什么（目标），他说自信。接着，我请他给自己的自信程度打分，满分是 10 分，最低是 1 分。正像他说的那样，我对他"耍了个花招儿"：他说的是自己的自卑，而我在他不知不觉间翻转了硬币，一直在和他探讨他的自信。

这不是花招儿，而是"大招"，是我们教练最常用的一个工具。它是一个问句，我们把它视为"神问句"。将它与学霸工具包 4.1"问题—目标转化表"结合，可以得到表 8-2 所示的学霸工具包 10，使用此工具包，你就可以简单便捷地找到自己的内在力量和潜能。

表 8-2　学霸工具包 10 "刻度尺问句"

问题（不想要的）	目标（想要的）	资源（有什么）		
		想要的满分为 10 分，最低为 1 分，你给当下的自己打几分？	证据 1	还有呢？证据 2	还有呢？证据 3

　　在小 Z 的故事里，他的问题是自卑，这是他不想要的；他的目标则是自信，这是他想要的。当目标清晰之后，我们对话时就不再谈论问题了。请记住，当目标清晰之后，你所有的任务就是向着目标前进，而不是再回过头去看问题，那只会让你的大脑陷入消极状态，只会阻碍你冲向目标的脚步，而不会让你有信心和动力。

　　而想要达成目标，最重要的就是盘点你的内在资源，那是你达成目标的本钱，是你达成目标的阶梯。可喜的是，你从来就不缺资源，哪怕你暂时还没看到它们。"刻度尺问句"就是用来挖掘资源的工具。重要的是聚焦：聚焦于超出 1 分的那部分，而不是低于 10 分的那部分；聚焦于阳面而不是阴面。

　　小 Z 当时的自信程度有 3 分。有两种计算方式可以得到 3 分，一种是 10-7=3，另一种是 0+3=3。在数学上，运用这两种计算方式都能得到同样的结果。但是在心理学上，这两种计算方式却有非常大的不同，它们代表的是两种思维方式，两种建构自己的世界的方式，引发的是两种截然不同的行动。

　　10-7=3，人们看到的是失去的 7 分，这是悲观的思维方式。这时候，人们看到的是自己站在坑里："我都失去 7 分了，我太差了。"

　　0+3=3，人们聚焦的则是已经有的 3 分，这是乐观的思维方式，积极进取的思维方式，激发的是信心、力量和潜能。这时候，人们看到的是矿："哇，我原来还有 3 分呢，我不是一无所有，我是有本钱、有资源的。"

我对小 Z "耍了个花招儿"，这个 "花招儿" 的奥秘就是我在不知不觉间重新定义了他。他原来觉得自己是个 "自卑的人"，而用 "刻度尺问句" 之后，他的身份已经有了不同——他成了 "有 30% 的自信的人"。通过使用这个学霸工具包，他对自己身份的定义和小 J 一样发生了变化，从烂木头变成了铜豌豆。

接下来就是确认新身份，尽可能找出所有证据，来让自己更加笃定地确认这一点。所以，这时你需要反复问自己："还有呢？"

"还有呢？"这简单的 3 个字，其实是另一个功能强大的工具，它是挖掘你自己所藏宝藏的金刚铲，你一定要善加使用。使用它需要耐心，刚开始的时候，你的思维可能仍然会不自觉地跳到缺点上去，此时你要温和地用 "还有呢？" 提醒自己，回到挖宝藏的正向进程中去。你要用它一直挖下去，直到把宝藏全部挖出来为止。

到最后，你觉得好像没有什么了，那也只是你觉得而已，未必就是真相，可以再追问一句："假如还有，会是什么呢？"

"刻度尺问句"可以用在所有抽象的难以量化的方面，如自信、学习动力、意志力、与父母和老师等重要他人的关系等。"刻度尺问句"把这些抽象的概念具体化，使之可谈论、可衡量。当你的目标和进步可衡量之后，你才会有更多的信心前行。

凡事皆有例外

在小 Z 的第二次咨询中，我们谈的是他和父母的关系。

像很多青春期的孩子一样，小 Z 跟父母也常常因为意见不合而发生冲突，这对小 Z 造成了困扰，成了他的学习干扰项。他希望找到与父母和睦相处的方法，特别是当他们意见不一致的时候。他描述了一些他们发生冲突时的场景，那时他既有不被父母理解的怨念，又因对父母出言不逊而感到内疚。

我问他，当和父母意见不合时，有没有处理得相对较好的时候，比如虽然有分歧却没有发生冲突，或即使发生了冲突，冲突也相对没有那么激烈；如果有，当时发生了什么，他是怎么做的，以至于使冲突得到了较好的解决。

小 Z 想起自己有过一次这样的经历。当时，他觉得自己的情绪快要失控了，他选择了离开，到自己房间里躺着听了会儿音乐，等情绪平复之后才找父母进行了深入沟通。那次，他和父母罕见地实现了相互理解。

结果你已经知道了，在那之后，小 Z 跟父母的关系有了较明显的改善，两个月之后，他的学习成绩也远超他当初定的目标。

后现代心理学和教练学认为每个人都是解决自己的问题的专家，每个人都具有解决问题的内在智慧和潜能。这是我们教练的信念，所以我们通常不会指导来访者，而是引导他们去探索自己的内在智慧和潜能，而人的内在智慧和潜能常常就藏在例外之中。

凡事皆有例外，再严重的问题，也总会有不发生或程度较轻的时候，而解决问题的智慧和潜能就隐藏其中——例外就是解决之道。

在小 Z 的故事里，关于处理他和父母的关系，我没有教给他任何新方法，只是寻找他面对类似问题时处理得相对较好的例外，让他想起自己曾经用过暂时离开，等情绪平复后再与父母沟通的方法。在我们对话之前，他不觉得这是一个值得拎出来再复制的成功经验，甚至觉得是个挺低端的方法。但实际上，这是心理学家们格外推崇的处理情绪的方法，被称为"积极暂停"。小 Z 听了之后有些惊讶，看来他难以想象自己无意之中竟然使用了心理学家们推崇的方法，这颇有点无师自通的意味。

在提高学习效率方面，我也没有教他任何新方法，而是挖掘他自己曾经用过的、有效的方法。你应该还记得，当时小Z想让我教他一些"科学的学习方法"，我并没有那么做。我所做的是，问他曾经有没有学习效率较高的时候，哪怕只有一两天，当时发生了什么，他是怎么做的。

这样的询问，让他开始自己寻找自己在学习上的潜能，他找到了——"冥想"，并在"冥想"之后回忆当天的学习内容。这恰恰就是学习专家们提到的科学的学习方法，即"深度放松"和"深度回想"。在这样做之前，小Z却因为觉得这只是自己这个"学渣"的"发明"，认为那一定是很低端的方法，便轻易将其放过。

这像不像把自己的珍宝当成垃圾扔掉？明代有位非常知名的"大脑壳"，是位伟大的哲学家，名叫王阳明。他写过一首诗，其中有两句："抛却自家无尽藏，沿门持钵效贫儿。"意思是，把自己家里数不尽的宝藏扔掉，像个穷小子一样，手持破碗沿街乞讨。每个人都有无穷的潜能、无尽的宝藏，但很多人都看不到自己的潜能和宝藏，活成了"穷小子"。

当小J看到自己并非烂木头，而是铜豌豆之后，他一直潜藏的能量被激发，他战胜了自己，战胜了重重困难。当小Z看到自己的例外之中潜藏着解决矛盾的智慧，潜藏着科学的学习方法，并有意识地将其重复使用之后，他的学习成绩突飞猛进。

在第4章中，我们回顾了你（也是每个人）学走路的过程。你顺应内心的渴望，得到内部和外部资源的充分支持，但学习走路的过程并不容易。你摇摇晃晃，形同醉汉，随时都可能跌倒，但你仍然近乎奇迹般地迅速学会了走路，因为你的学习本能让你善于从自己的学习实践中吸取经验教训，进行自我调整，你使用的调整策略是"有效多用，无效调整"。那么你的"有效多用"中的"有效"是从哪里来的呢？是从例外中来的。起先，你不稳健的步子大部分是无效的，但也总有有效的例外，你运用学习本能迅速抓住了这微小的例外，然后重复使用和练习。随着重复使用和练习，例外变成了常态。之后新的例外再被抓住，再被重复使用和练习，再变成常态。就这样，你很快学会了走路。

例外就是解决之道。

无论你想提升哪个方面，无论你在某个方面表现得较好还是一般，甚至很"差劲"，在你既往的学习经验中，一定存在有效的例外，你一定会有表现得相对较好的时候，那时你无意之中使用的方法和策略就是你解决问题、提升自己的原生智慧，就是你的潜能。而且因为那是你自己的原生智慧，是行之有效的，你再用起来会非常顺手，会更有掌控感。所以不要放过你的潜能，不要放过你的例外。

相信你已经得到了学霸工具包 11 "例外问句"，如表 8-3 所示。

表 8-3　学霸工具包 11 "例外问句"

问题（不想要的）	资源（有什么）			
	有没有问题不存在，或问题严重程度较轻的时候？当时发生了什么？你是怎么做的？	还有呢？	还有呢？	还有呢？

是时候开始行动了。

在这一步，继续完成你的绩效目标，对照你在学霸工具包 9 "优点整理表"里填写的内容，看看哪些优点对你完成绩效目标有帮助。

你可以使用学霸工具包10"刻度尺问句"给自己坚持达成目标的能力或信心评分，满分为10分，最低为1分。假设目前的得分是2分，不要看失去的8分是什么，要去发掘得到的2分里有什么。反复发掘，直到把自己潜藏的资源，把自己达成目标的潜能全部发掘出来，并且告诉你的支持者们，请他们和你一起激励自己。

你也可以使用学霸工具包11"例外问句"，来看看自己在达成本项目标方面有没有表现得好、较好或者相对没那么差的时候，仔细想想当时发生了什么，在那些例外时刻你是怎么做的。那些时刻有资源、有方法，它们是你独有的成功经验，发掘它们、复制它们，这样你既可以获得达成这项目标所需的更多力量和信心，也可以找到独属于你的有效的方法和策略。

对于学霸工具包9、10、11，你既可以任选其一，独立使用，也可以叠加使用。

第9章 | 学霸第五步：迭代目标
——过于宏大的目标，已经埋下失败的种子

(9.1) 小步伐会让你比巨人走得更远

小 C 是个强壮的五年级小男孩，但性格腼腆，跟他的体型形成鲜明对比。

几次咨询他都是和爸爸一起来的。他们第一次来咨询是在夏天，天气很热，但小 C 却穿着长衣长裤。

爸爸说小 C 学习不积极、不主动，推推动动，不推不动。"他挺怕我的，看着老实，但实际上'偷奸耍滑'。"爸爸说小 C 的主要问题有自卑、懒、邋遢、字迹潦草；如果被盯着就会老老实实写作业，否则就坐在那里发呆、神游八方；家庭作业总是记不全，几乎每天都会少记一两项，搞得他不得不次次都跟各科老师核对作业；等等。

像大多数来咨询的家长一样，在数落过孩子的不是之后，小 C 爸爸也开始自我检讨。他说自己脾气暴躁，会凶孩子，明知这样不对却管不住自己。他说对孩子很愧疚，并诚恳地表示更需要改变的

是自己，所以他和孩子一起来咨询。

我问小C爸爸会动手打孩子吗，他有些难为情地点了点头。

我问能否让孩子挽起袖子，爸爸点头后，小C挽起了袖子。我看到他两条胳膊乌青。还不止这样，他全身到处都是伤痕，这是小C爸爸用衣架抽打他导致的。

那是我在这么多年工作中唯一一次失态，我拍了一下桌子，说："如果我知道有下一次，我会立刻报警！"

小C爸爸连连说不会，不会有下一次。小C也哀求我："老师，不要。爸爸很爱我，每次打过我，他都加倍打他自己，是我不听话。"

我向他们道歉说，我得调整好自己才能继续对话，请他们下周再来，当然也可以退掉咨询费不再来。他们选择了下周再来。

通过前几次咨询，他们设计了各自的和共同的"目标金字塔"（第一步），明确了真正想要的是什么；他们形成了合力（第二步），爸爸开始给小C提供良性支持，而非"毒性"支持；他们看到了目标的价值和好处，并预演了成功（第三步）；他们也找到了各自的和共同的潜能（第四步）。父子俩关系好了起来，小C和爸爸的脸上有了更多笑容。有趣的是，这时我们还没有在小C的学习方面做多少工作，但小C在学习方面的很多缺点已经变小，甚至消失了。比如，他再没有出现过漏记作业的情况，写作业时注意力集中了很多，学习主动性也提升了很多。也就是说，他们当初制定的绩效目标中的好几项已经达成了。

这就是优先关注内心竞赛，同时关注外部竞赛的有趣的和额外的好处：当你在内心竞赛中获得进展时，外部竞赛中的有些问题和困扰自动消失不见了，或变轻微了。心理学家贺琳·安德森用"问题消融"一词来形容这种美妙的现象。

小C和爸爸看到困扰他们的几个主要问题都消失了，在最后一次咨询中，他们希望解决一个原来觉得较小的问题，达成一个本来比较靠后的绩效目标：改掉字迹潦草的毛病，养成书写工整的习惯。我们也就共同走到了第五步"迭代目标"。在这一步，我们会制定过程目标。

我先请小 C 拿出作业本，让父子俩从小 C 以前的作业里，找出他们认为相对工整的几个字。小 C 的字虽然确实很潦草，但还是有一些相对工整的例外。我建议父子俩把这些字复印下来，作为"书写工整"的标准。然后，我请小 C 制定他要达成的过程目标——每天写出多少个这样的字。

小 C 说："每天写作业时，把所有的字都写成这样。"他看起来很有信心，毕竟那种工整程度的字是他自己写出来的，写出那样的字在他的能力范围之内。

我说："目标太高，降低一些。"

小 C 说："要不，写语文作业时都写成这样。"

我说："还是太高，再降。"

小 C 皱了皱眉头："完成《学习与巩固》时，把字全部写工整。"（《学习与巩固》是他每天的课后作业中的一项。）

我说："还是太高，再降。"

小 C 明显有些不耐烦了："还降？那把一半的字写工整吧。"

我说："还是太高，再降。"

小 C 抗议说："老师，不能再降了，字已经够少了。"

我说："我建议这个月每天写 5 个工整的字，也就是说，从明天起，你每天写作业时把其中 5 个字写工整，坚持 30 天就算达成目标。"

小 C 大叫起来："不行！老师，这样进步太慢了。刚才我们不是说了吗？字迹工整很重要，会影响小升初的成绩。我都上五年级了，明年就要小升初。30 天增加 5 个字，一年才增加多少字？不行！"

小 C 的故事先讲到这里，留一点悬念给你。先透露一下结果，小 C 虽然起先对这个过程目标很抗拒，但最后还是欣然接受了。思考一下：我为什么三番五次降低他的过程目标，而且将其降到他难以忍受的程度？

9.2 意志力的陷阱

看到这一章的标题时，或许你已经注意到这一步仍然跟目标有关。在设计"目标金字塔"时，我们没有制定过程目标，在这一步我们将完成此任务。

你或许已经发现，"学霸 8 步法"的 8 步之中，涉及目标的就有 4 步，占了一半。是的，就是这样，目标就是这么重要。

我和小 C 探讨出来的过程目标很小，小到他几乎无法忍受，我为什么要这么做呢？我们先来看一批大学生的经历。

有一批大学生接到心理学家的邀请。心理学家说要请他们吃东西，让他们"感知食物"，并在第二天报告吃过食物后的味觉印象。这些大学生都很乐意参加，即便他们不是馋猫。心理学家要求他们保持适度的饥饿感，在开始"感知食物"之前，至少 3 个小时不能吃东西。

时间到了，大学生被带到一个香气扑鼻的房间，整个房间充满浓郁的香味，那是刚出炉的巧克力曲奇饼干的香味。房间中央的桌子上摆着两个大碗：一个碗里放着散发着香味的、热腾腾的巧克力曲奇饼干，另一个碗里则放着胡萝卜。

大学生被分成人数相同的两组：第一组大学生每人分到两三块曲奇饼干，没有胡萝卜；第二组大学生则每人只分到两三根胡萝卜。

大学生吃东西时，心理学家故意离开房间，通过摄像头看着房间里的一切。那些分到胡萝卜的"倒霉蛋"们孤零零地坐着，一边吃着胡萝卜，一边羡慕地瞅着另一些家伙拿着新鲜出炉的巧克力曲奇饼干大吃特吃。虽然面对诱惑备受煎熬，分到胡萝卜的所有大学生还是吃完了自己该吃的食物，也没有偷吃饼干。

吃完东西之后，另一批心理学家走进房间，对他们说，来都来了，吃也吃了，解一道智力谜题吧。心理学家告诉这些大学生，他们在跟一群高中生比赛。大学生和高中生相比，谁更擅长解决难题呢？一听是跟高中生比赛，大学生们个个跃跃欲试，心想一定要获胜，不能丢了大学生的"老脸"。

智力谜题是要求他们一笔画出复杂的几何图形，笔尖不能离开纸面，线条不能交叉。每个人都拿到了很多张草稿纸，可以一次又一次重画。

这些大学生"上当受骗"了。实际情况是，首先，根本没有高中生跟他们比赛，心理学家那么说只是想让他们认真对待、全力以赴；其次，智力谜题根本就是无解的，任他们怎么努力也不会有结果。心理学家只是想观察，大学生在放弃努力之前能跟令人灰心的难题抗衡多长时间。

结果，那些大吃巧克力曲奇饼干的大学生，在解智力谜题的环节平均画了 19 分钟，认真努力地尝试了 34 种方法。

相比之下，吃胡萝卜的大学生则显得缺乏耐性：平均画了 8 分钟就不干了，而且只试过 19 种方法。为什么这组大学生这么快就放弃了呢？

答案可能会让你感到吃惊：他们用光了自己的意志力。

心理学家做了很多类似的实验，得出一个重要结论：意志力是可以耗尽的有限资源。

就像人们练习长跑一样，刚开始跑起来很轻松，因为肌肉充满能量；但是跑过几百米之后，肌肉开始酸痛，每多跑一米肌肉就多一分酸痛，直到最后完全跑不动了。

吃胡萝卜的大学生也一样，只是对他们来说换了另一种"肌肉"——"精神肌肉"，也就是意志力。在吃东西的环节，他们需要用意志力抵制美食的诱惑，也成功做到了，但此环节结束时他们的意志力已经要耗尽。接下来，他们又要面对没有答案的智力谜题，在坚持的过程中同样需要意志力。他们平均坚持了8分钟，再也没有力气继续了。

而另一组大学生吃热腾腾的巧克力曲奇饼干时不需要消耗意志力，所以他们解智力谜题时精神饱满、活力充沛，能够平均坚持19分钟之久。

面对学习，我们常会陷入一个误区，认为好好学习只需要两点：强烈的学习决心和坚持学习的意志力。你大概经常会被父母和老师告诫"坚持就是胜利""排除万难，咬牙坚持"等。如果你还没上高三，还没有参加高考誓师大会，你也大概从手机或电视里看到过这种场面。这些安排都是为了提升你们努力学习、咬牙坚持的意志力。

强烈的学习决心会让你制定出宏大的学习目标，然后靠意志力向着目标冲刺。问题是，有的中学生容易把过程目标和更大的目标（梦想目标、理想目标、绩效目标）混为一谈，将其制定得过于宏大。

他们看目标这么宏大完美，心里美滋滋，觉得自己棒极了。结果坚持了3天，就将意志力消耗得差不多了，第四天再坚持时，就开始咬牙了，第五天再也坚持不下去了——创业未半，而中途花光预算。然后就开始自我指责，感觉自己总是虎头蛇尾，做事只有3分钟热度，真没用，于是彻底放弃。次数多了之后，甚至连目标也不敢再制定了：制定了也是白费劲，反正都会失败。

其实，不止你们中学生这样，所有的人都是如此。如果你的女性长辈有数次减肥失败的经历，你可以去看看她的过程目标是不是过于宏大。我猜她第一个月的目标大概是减重不少于 1 斤，每天的目标可能是少吃一顿饭。本章的标题"过于宏大的目标，已经埋下了失败的种子"说的就是这个道理。

读到这里，我相信你已经明白，我为什么三番五次地把小 C 的目标往下降了，为什么让他每天只用写 5 个工整的字了。

我们不妨设想一下，如果他按照最初的目标执行，每天写作业时把所有的字都写工整会发生什么。虽然通过"学霸 8 步法"的前 4 步，他把"字迹潦草"的问题转化为了"养成书写工整的习惯"的绩效目标，和爸爸（他的支持者）达成了合作，制定了提醒手势和提示语，看到了这一习惯对他的好处和价值，也找到了自己写好字的潜能，信心满满，冲劲十足。但第一天，等把每一个字都工工整整地写完之后，他已经累趴下了。第二天，他拿出作业，想到还要这么干，心里就发怵了，咬牙坚持写到一半的时候，他就要哭出来了——意志力消耗殆尽，他无法再坚持下去。他开始自我怀疑、自我批评，而坐在他旁边的支持者（爸爸）看到这种情况，也开始灰心丧气。想起之前儿子多次虎头蛇尾、做事只有 3 分钟热度，爸爸想要给他良性支持的意志力也开始消耗，批评指责的"毒性"支持又死灰复燃。

这样，小 C 父子俩的潜能项都会减少，干扰项都在增加，最后到了某一个临界点，一切努力功亏一篑——他们在内心竞赛和外部竞赛中同时失利。

别忘了，心流的第一个要素，就是挑战难度和行动能力的平衡。每天写出那么多工整的字，这项挑战的难度远远超过了小 C 的行动能力，他靠咬牙坚持，靠本就有限的意志力，是走不了多远的。

改变：只要 1%

就像小 C 一样，在追逐目标的过程中，在养成习惯的过程中，人们常常看不上小目标、小改变。特别是当定下宏大的梦想目标和理想目标之后，特别是当看到目标对自己的好处与价值之后，特别是当看到自己原来有足够的潜能来达成这些目标之后。

每天多刷了一道题，但离成为学霸还差很远；连续 3 天去操场跑步，800 米测试成绩却没有提升；每天多记 3 个单词，英语成绩也没有提升。太没劲了！什么时候是个头呢？罗马何时才能建成呢？

我们总是想打个响指就脱胎换骨，念句咒语就一飞冲天。我们总是心急，瞧不上那些小进步、小改变。

B.J. 福格博士是斯坦福大学行为设计实验室创始人、行为设计学创始人，他总结了追求小目标、小改变的 5 个理由。

理由 1，可以利用碎片时间

如今，很多人都感觉时间不够用，特别是你们中学生。虽然你们可能不像有些人那样，吃饭、上厕所都要倒计时，但很显然，你们是时间最少的那部分人。

从小的过程目标开始追求小改变，意味着无须担心时间不够用，就能引发大改变。请记住，小即是大，慢就是快。

理由 2，可以立刻开始改变

在制定过程目标时，很多人有这样的心理：要么全部，要么全不；不干就不干，要干就干一票大的。我的老家在农村，那里的老太太会这样评论那些一事无成的人：小的看不上，大的干不来，活该受罪。

过于宏大的过程目标，会让我们起步就"熄火"，刚动弹就"躺平"。追求小目标、小改变，才是务实的态度。

理由 3，不需要担心会失败

别忘了，我们常常会"分裂"，头脑里会出现两个相互争斗的小人儿，一个小人儿喜欢宏大的目标，另一个小人儿则会敏感地嗅到宏大目标的危险，从而产生抗拒。所以，如果过程目标一开始太过宏大，人就会"分裂"，从而在内心竞赛中失利；而小目标则不会造成这样的后果，只要前一个小人儿开始接受小目标，以后的事就顺利了。

理由 4，一样能吃掉"大鲸鱼"

为了证明小目标、小改变能吃掉"大鲸鱼"，有人假设在 1 年中每天进步 1%，那么最终的进步为 $1.01^{365} \approx 37.78$，并得出结论：每天进步 1%，1 年的进步大约可达原来的 37 倍。

这种推论并不是非常严谨，但它在很大程度上可以证明小进步的价值。借助小小的支点可以撬动庞大的地球，小雪球能滚成大雪球，星星之火可以燎原，请不要轻视小目标和小改变。替我老家的老太太们提醒你一句：不怕慢，就怕站。重要的是让改变发生。

怎么吃掉"大鲸鱼"？一次吃一小口。

理由 5，不需要依赖意志力也能做到

通过前面大学生的案例，我们已经知道意志力是可以耗尽的有限资源，你不能把宝押在它身上。

所以，在追逐梦想目标和理想目标的过程中，在养成习惯的过程中，在制定过程目标时，请记住两个数据：1% 和 2 分钟。

1%，是指每天进步一点点，这是个比喻的说法，因为有的心理学家说是 4%，有的说是 5%，反正就是每天进步一点点。

如果你看不上小进步，请记住竹子的故事。种下竹子之后，整整 4 年时间里，我们只能看到竹子长出一点嫩芽。然而，在这 4 年里，几乎所有的生长过程都是在地下进行的，竹子的根在泥土中一

点点伸展，逐渐加深，逐渐向四周扩散。然后，到了第五年，仅仅用大约一个半月的时间，它就能长到27米之高，这是因为此前4年里每天的一点点进步。

2分钟，则是指当你增加一个新的过程目标后，增加的新动作的完成时间不要超过2分钟。

小C每天写5个工整的字，是1%的改变，且能在2分钟之内完成，这就是我给他这个建议的原因。

9.4 过程目标需要符合 SMART 原则

在学霸工具包1"目标金字塔"中，过程目标那一栏里有如下字样："SMART步骤，达到绩效目标所需完成的工作，服务于上述所有目标，100%由你掌控。"

过程目标要100%由你掌控，所以它一定要是一小步，是1%的改变，且能在2分钟之内完成。不要试图考验你的意志力，它不是你的"老铁"，通常靠不住。

过程目标除了需要符合I原则（自我激励原则）和PURE原则之外，还需要符合SMART原则。

SMART 原则

梦想目标、理想目标和绩效目标不完全在你的掌控之中，过程目标却可以而且必须在。为了能够完全掌控，你需要确保过程目标符合SMART原则。

· 具体的（specific）

· 可衡量的（measurable）

· 可达成的（attainable）

· 现实的（realistic）

· 有时限的（time-framed）

具体的

所谓具体的，就是要用具体的语言，清晰地表达要达成的过程目标。很多过程目标之所以无法达成，就是因为不够具体。

在小 D 的绩效目标里，"修复和父母、老师的关系"就显得有些模糊而不具体，所以在过程目标里就需要进一步将其具体化为可以操作的动作，如"开家庭会议""找老师谈话"。"恢复正常的学习状态"也有些模糊，在过程目标中也需要将其进一步具体化，变成可操作的动作，如"制定暑假计划"。

要使目标具体化，你要把形容词、副词变成动词，变成可以通过录像看到的动作。

要使目标具体化，你要把能用数字表示的尽可能用数字表示。

可衡量的

可衡量的是指，应该有明确的数据作为衡量目标是否达成的依据。如果目标没办法衡量，我们就无法判断这个目标是否达成，甚至有可能由此引发新的矛盾和冲突，破坏好不容易形成的合作氛围。

小 D 在制定过程目标时，提出"暑假期间把落下的功课补上"，妈妈看了很开心，表示认可。但是这样的过程目标无法衡量，怎么才算是"把落下的功课补上"了呢？如果小 D 觉得把教科书复习一遍就算达成了目标，而妈妈觉得要刷十几套题才算补上了，他们就容易产生意见分歧，可能再次产生新矛盾。我指出这个漏洞之后，小 D 又提出"8 月 30 日由妈妈找一套期末考试的试卷对我进行测试，测试得分不得低于期中考试的成绩"。这样，暑假期间，小 D 落下的功课有没有补上，就有了衡量标准。

在小 C 制定过程目标时，我先请他和爸爸从他以前的作业里找出相对工整的字，这些字就是衡量标准。他每天写 5 个工整的字的目标有没有达成，就拿这几个字来衡量。不然，怎样叫工整？怎么衡量？是以大书法家王羲之的字衡量，还是以班里字写得最好的同学的字来衡量？如果没有衡量标准，父子俩又会出现分歧：小 C 认为写工整了，爸爸觉得不工整；小 C 觉得爸爸看不到自己的进步，爸爸觉得小 C 不用心。

可达成的

可达成的，即可以实现的。这就要求我们评估自己当前所在的位置、当前的能力，根据实际情况来制定目标：1% 的进步，2 分钟之内能够完成。

绩效目标的 99% 由你掌控，剩下的 1% 是无法掌控的，这 1% 代表挑战性，要跳起来、蹦一蹦才够得着。

大多数人都喜欢挑战，没有挑战性的目标会让他们兴致索然。带有一点不确定性，同时又不会让你感觉高不可攀，这样的目标才能激发你的斗志，你达成目标时才会有惊喜感、愉悦感和成就感。

打电子游戏时，如果每一局都轻松过关，我敢打赌，你很快就退出了。下棋时，遇到水平比你低很多的对手，你每局都能毫无意外地完胜，我敢打赌，几场之后，你就不愿意再跟他对弈了。"下棋找高手，弄斧到班门""棋逢对手"说的就是人喜欢挑战的性格，而"孤独求败"说的则是没有挑战时的落寞。但你要明白，目标的挑战性在"目标金字塔"里是要逐级减小的，梦想目标、理想目标的挑战性要大，绩效目标的挑战性要小很多——有 1% 的挑战性，剩下的 99% 由你掌控；过程目标就得 100% 由你掌控，100% 可达成。

这是理想主义和现实主义的结合。

现实的

现实的跟可达成的意思相近。

我们需要知道，梦想目标和理想目标的达成之路是条漫长的征途，习惯养成之路也是如此。你不但要考虑达成目标的难度，还要考虑长期坚持的难度。习惯养成之后，会开启你的"自动驾驶模式"，但养成习惯则需要有一个相对漫长的坚持的过程。你需要重复、重复、再重复，直到行动实现自动化。而长时间重复做一件简单的事，本身就是有难度、有挑战性的。

制定过程目标要考虑两个因素：目标的难度因素和时间的长度因素。总之，过程目标在难度上要小——1%的进步，2分钟之内完成。

有时限的

有时限的就是指有时间限制的。没有时限的目标无法考核，当然也就无法达成，同时还可能引起矛盾。

小D在制定过程目标时，起先定的是"开学后，找老师谈话，修复和老师的关系"，这就是没有时限的目标，开学后的一周是"开学后"，开学后的3个月也叫"开学后"。不定时限就可能造成拖延，甚至不去行动。后来他将时间修改为"开学第一周"，这就很恰当了。而在小C制定的过程目标里，达成每天将5个字写工整的目标的时限则是30天。

 9.5 制定你的过程目标

是时候开始行动了。

你需要运用表9-1所示的学霸工具包12"月度目标工作表：我会采取什么行动？"来制定自己的月度目标。

表 9-1　学霸工具包 12　"月度目标工作表：我会采取什么行动？"

绩效目标	过程目标

（1）检查你之前制定的绩效目标，并根据重要程度确定优先级。

如果你按照"学霸 8 步法"一步一步地认真执行，或许到这里你也会像小 C 一样，发现原来存在的一些干扰项已经减少或者消失了；你原来的绩效目标清单里，有些目标已经在不知不觉间达成了，有些则变得不再那么重要而紧急了。

在已经达成的绩效目标后面打上"√"，体会打"√"时的感受。你是不是心情愉悦？是不是成就感油然而生？如果是，那么恭喜你！

针对剩下的、尚未达成的绩效目标，根据重要程度重新确定优先级。在前几步中，你挑选的那个绩效目标是否还是你的优先目标？如果不是，挑出你在下个月最想达成的一个绩效目标。

（2）根据这个绩效目标，制定自己的过程目标。

记住，你的月度目标可能会有两类：一类是赢得内心竞赛的过程目标，一类是赢得外部竞赛的过程目标。第一类目标跟学习动作直接相关，如月考中各科成绩要达到多少分。第二类目标则跟更长期的习惯有关，如以终为始的习惯、专注的习惯等。

记住，过程目标要具体，要符合 I 原则、PURE 原则和 SMART 原则。

第 10 章 | 学霸第六步：即时激励
——不会自我激励，学习就会苦不堪言

⑩.1 无聊的研究，有益的启发

如果你的女性长辈屡次减肥失败，我建议你将下面这个故事推荐给她看看。如果你的男性长辈有运动计划却频频失败，我也建议你将这个故事推荐给他看看。当然，作为中学生，即使没有减肥目标或运动计划，只想成为学霸，我也强烈建议你看下去。

2007 年，有两位学者发表了一篇关于酒店女服务员及其运动习惯的研究报告。

这两位学者找来了一批酒店女服务员，她们每天的工作是打扫房间。女服务员被分成两组。其中一组每人得到了一份材料，详细了解了运动的好处。同时她们还得知，日常工作足以让自己获得运动的好处。学者解释说，运动不一定非得艰难痛苦不可，也不是必须去健身房，只要能消耗热量就行了。她们还拿到了自己的每项日常工作所消耗的热量的数据：换床单、被罩花费 15 分钟，消耗 40

卡路里（1卡路里 ≈ 4.19焦）热量；使用吸尘器清扫30分钟，消耗100卡路里热量；等等。

对于另一组，两位学者也给她们每人一份材料，向她们介绍运动的好处，但是没有说明日常工作与运动的关系，也没告诉她们每项日常工作消耗的热量。

4周后，两位学者再次调查两组女服务员，发现了不可思议的变化。第一组女服务员的平均体重减轻了816克——如果你问问自己减过肥的女性长辈，就会知道这样的减肥效果是极佳的。第二组女服务员的体重则没有任何变化。

问题是，第一组女服务员并没有在工作之余进行过更多的运动，也没有节食，怎么就瘦了呢？

我们不妨想象一下女服务员的工作场景，她们走动、弯腰、推车、擦洗、掸尘……总而言之，她们的工作就是运动。

但是，在以前，女服务员们并不觉得自己每天的工作是运动。研究刚开始时，67%的女服务员告诉学者说，自己没有做过像样的运动，有超过1/3的人表示自己完全不运动。

我敢打赌，她们当中一定有一些人制定过运动或减肥的目标，但没有达成，并且觉得这太难了。但是，当她们拿到学者们给的材料，发现自己其实每天都在运动，而且每换一次被罩、每打扫一个房间都会消耗热量，于是她们的看法改变了。她们知道运动的好处，也渴望美好的身材，以前觉得养成运动的习惯太难了，但现在她们受到了激励："原来我一直在运动！"

于是，她们拥有了满腔热情。每擦洗一次浴缸，就受到一次激励——"我又成功消耗了××卡路里热量"，于是更卖力地擦洗；每换一次床单、被罩，就受到一次激励——"我又成功消耗了××卡路里热量"，于是更卖力地更换；每上下一个楼层，就受到一次激励——"我又成功消耗了××卡路里热量。电梯来了？不坐不坐，我走步梯"。

要想让习惯得以养成，要想让改变得以发生，要想达成你的目标，你就需要随时得到激励。

要当学霸，你必须让自己感觉良好

之前，我们回顾了你当初学走路时的情况，但这种文字性的回顾，很难让你重温当时那种纯粹的、无拘无束的快乐。你可以向爸爸妈妈要来当时的录像，重温那种快乐。当然，如果没有录像，你也可以看看邻居小孩学步时的样子。当时的你和他们一样，全世界的孩子在蹒跚学步的时候都一样。你还可以看看孩子身边的父母当时在做什么。当孩子学会走路时，父母会为他鼓掌欢呼、大加激励，这是全世界的父母都会做出的自然反应。这种反应只有一个目的：在正确的时机进行激励，以帮助孩子更高效地学习。

走路当然是一项学习任务，而且是人生中最重要的学习任务之一。它一点都不比中、高考容易，甚至比中、高考要难很多。这项任务这么难，虽然你也跌过不少次跤，但你还是把它完成了，而且完成得很快，近乎奇迹般地快。你之所以完成得那么快，是因为在这个过程中你不断地受到激励：外部的来自你的重要他人的激励，内部的来自你从自己的每一次成功中获得的成就感和自豪感的激励。这就是心流的一个要素：即时反馈，而且是正向的即时反馈。

"学海无涯苦作舟"这样的标语，大概就张贴在你的教室里。但请相信我，如果学习中只有苦，每个人都只会相信"苦海无涯，回头是岸"，每个人都不可能坚持到底。

对于短期的行为，负面情绪（恐惧、悲伤等）一般能促使我们采取某种行动。如果参加短跑时身后跟着一条恶犬，也许每个人都能跑得很快。但如果参加马拉松，即使身后跟着一只老虎，也没几个人能因为恐惧而跑完全程。对于需要长期坚持的行为，我们需要拥有良好的感觉，才会无惧前行。如果只有负面情绪，你就会在内心竞赛中遇到重重困难，甚至直接失败，而无力长期坚持、克服困难。

学习过程中当然会有无数的挫折和困难，正像你学步时要跌无数次跤一样。你可以挽起裤脚看看自己的膝盖，上面可能有伤痕——看得见的，看不见的，但你仍然学会了走路，习惯了奔跑，那是因为你感受到的激励远比感受到的痛苦要多得多。大多数学霸都不会是内心痛苦的人，他们在学习中遇到的困难和其他同学遇到的一样多，甚至更多（毕竟他们会挑战更难的题），但他们每做对一道题时，内心产生的成就感、价值感都会给予他们激励。只有当激励带来的良好感觉"大于"挫折带来的负面感觉时，你才会有持续前进的动力，才会不断战胜困难和挫折，逐渐成为学霸，甚至超越学霸。

想要成为学霸，你必须让自己感觉良好。你当然不用回避感觉不好的时候，你需要做的是让良好感觉"大于"不好的感觉。所以，你要学会即时激励自己，并获得你的支持者的正向支持、正向激励——这就是"学霸8步法"的第二步那么重要的原因，也是你要管理与支持者的关系的原因。

注意这个短语"即时激励"，上面说到了"激励"，接下来我们说说"即时"。

良好感觉会刺激我们的大脑产生一种叫作多巴胺的神经递质，这种神经递质控制着大脑的"激励系统"（大部分书里说的是"奖励系统"，但"奖励"这个词很容易让人联想到奖状这类东西，所以我在这本书里不用这个词，而使用"激励"）。

当一种行为引发激励，使我们产生良好感觉，刺激大脑分泌多巴胺之后，我们的大脑会命令整个身体去重复这种让自己感觉良好的行为，这就是大脑"想要的"，它会让我们对未来产生更大的期望，重复更多类似的行为。学霸们刷题"上瘾"不是"自虐"，实际上他们每成功解决一道难题，他们的大脑都会分泌多巴胺，激活激励系统，从而使他们获得成就感、自豪感和愉悦感。这种感觉会刺激大脑分泌更多的多巴胺，激励他们对下一道难题发起挑战。

人类会做很多莫名其妙的事，不是吗？比如拼高难度的乐高、坐过山车、蹦极、找高手下棋、解决科技难题、征服珠穆朗玛峰、征服外太空，等等。无论做哪一件，对当事人来说都不容易，都困难重重，当事人可能随时都会遇到挫折和困难，有时甚至会有生命危险。这些人是不是傻？躺在床上不好吗？有人问登山家为什么要爬山，登山家说"因为山在那儿"。这样的回答等于啥都没说，山是在那儿，但它碍你啥事儿了，你非得去爬人家？

有的人喜欢做"吃力不讨好"的事，首先是因为他的内心有渴望，其次便是因为他的内在和外在资源支持着他，让他在做这件困难的事情时，产生的良好感觉"大于"不好的感觉，受到的激励多于打击。

当一种行为没有得到激励时，多巴胺的分泌就会减少，从而抑制大脑再次选择这样的行为。

我们需要知道的是，多巴胺要的是即时激励。它为目标达成和习惯养成设定了一个时间表。一获得良好感觉，它就会立即在大脑中产生激励。科学家们还在研究多巴胺分泌的时间规律，不过目前的结论是，多巴胺似乎可以在不到一分钟的时间内促进习惯养成。那些未来的激励，如父母在开学时说如果你期末考高分就带你去旅游，无法刺激多巴胺的持续分泌，你大概会兴奋一会儿，之后就没有兴致了，就像没有得到激励一样。

激励的时机非常关键，科学家们研究得出，激励的最佳时机要么是在行为过程中，要么是行为结束之后的那一刻。

所谓习惯，就是不需要外在激励的行为。这一点听起来很矛盾，但却是得到习惯心理学家验证的事实。判断一种行为是不是习惯，有一种简单的方法，你只需要看看，如果改变外在激励，这种行为会不会跟着改变。比方说，你的弟弟（如果有）帮你拿拖鞋，但如果你不给他棒棒糖吃，或不说"你真棒"，他就不帮你拿，这就不是习惯；相反，没有这些激励，他照样每天帮你拿拖鞋，那就是习惯。

所谓习惯，就是只靠内在激励就在不知不觉间自动发生的行为。最有效的激励就是内在激励，而内在激励来自行为本身。学霸们刷题乐此不疲，是因为刷题本身让他们感觉良好，每做对一道题，他们的大脑"加油站"就分泌一点多巴胺，这点多巴胺会刺激他们继续刷题。这时他们常常会进入心流状态——学习不再是为了得到父母、老师的夸奖，甚至不是为了当学霸，学习本身成了目标。他们完全专注，知行合一，忘记了自我，忘记了时间，他们感到自己成了生命的主人。

这就是为什么要养成好习惯，它可以让你从每一种学习行为中得到内在激励，这是最重要的激励因素。但在成为学霸的路上，在养成好习惯的过程中，在内在激励还没有完全支持你的时候，你需要内在激励和外部激励双管齐下：前期主要靠外部激励，然后内在激励越来越多，最后你的行为完全由它掌控，实现自动化，进入"自动驾驶模式"。到时候，你可以把外部激励转移到下一个习惯的养成过程中。

在达成目标的路上、养成习惯的过程中，你需要学会一个动作：庆祝。

借由庆祝，坐上学霸宝座

我们前面提到的"大脑壳"B. J. 福格说，庆祝是创造积极感受并将其融入新习惯的最佳技巧，不用花钱，效果却立竿见影，并且适用于所有人……此外，庆祝还让我们学会善待自己，这是能让所有人都受益匪浅的技巧。

庆祝的原则：及时、简单。

庆祝只有两个步骤

（1）执行你要养成新习惯所需完成的动作。

（2）立刻庆祝。

上一章已经讲了，你给自己增添一个新的过程目标后，增加的新动作的完成时间不得超过 2 分钟，完成之后，你会获得 1% 的进步。

首先，在完成动作之后立刻庆祝。这里的关键词是"立刻"，因为你的激励因子多巴胺是个"急性子"。其次，关注你在庆祝时情绪的强度。这是一套"组合拳"：你得在完成动作之后立刻庆祝（及时性），同时需要真切感受到庆祝带来的积极情绪（强度）。

"组合拳"的第一部分——立刻庆祝，并不难做到。第二部分——找到真正让你感觉良好的庆祝方式则有点挑战性。有的人个性张扬，天生就愿意庆祝成功；有的人则性格内敛、害羞，庆祝时可能就没那么自然。

此外，因为新的过程目标很小，在 2 分钟内可达成，仅让你取得 1% 的进步，所以你可能会觉得这不值得庆祝。这是"要么做到最好，要么干脆不做""要么全部，要么全不"的想法在作祟。

微小的进步也值得好好庆祝，理由如下。

（1）改变很难，你能做出改变，哪怕只有 1% 的进步，这本身就已经非常了不起了。

（2）小改变有大意义，想想你的梦想目标和理想目标，想想它们对你的价值和好处。"聚沙成塔，集腋成裘"，没有眼前这粒沙，你的塔就无从立起；没有狐狸腋下的这些皮毛，你的裘就无法制成。

找到让自己感觉最自然的庆祝方式

庆祝不一定要大声喊叫或做出夸张的动作。它唯一的规则就是你必须说点什么（在心里说或真的说出来都行）或做点什么动作，任何让你感觉良好并产生成功的感觉的语言或动作都可以。

你可以用表 10-1 所示的学霸工具包 13"庆祝方式工作表"，来找到让你感觉最自然的庆祝方式。

表 10-1　学霸工具包 13"庆祝方式工作表"

线索	搜寻	结果
你喜爱的歌曲	想想你最喜欢哪些歌曲，这些歌曲不应是悲戚的，而应是让你感到快乐和成功的，找到其中你最喜欢的一句歌词	
身体动作	探索让你感到快乐的身体动作，如挥舞拳头、扭扭屁股、跳一段舞、点点头、竖起大拇指……找到其中让你感觉自己在"发光"的动作	
口头表达	寻找可以让你感觉快乐和成功的短语。有些人会说："哇！"有些人会说："哟嚯！"有些人会说："真棒！"多探索一些选项，要找到至少一种可以让你感觉自己在"发光"的口头表达	
声音效果	寻找可以帮助你产生积极情绪的声音，如人群的欢呼声、嘹亮的小号声、烟花的爆破声等。选一种你喜欢的声音，在你需要庆祝时，让它在你的脑海中响起	
场景视觉化	这需要你发挥想象，但在"学霸 8 步法"的第三步"预演成功"中你已经练习过。这种庆祝方式更灵活，可以用在任何地方，效果也更好。有的心理学家给它起了个"高大上"的名字，叫"心锚"——给你漂浮不定的"心船"一个稳定的锚。 花几分钟时间想象让你感到开心的场景，如与猫玩耍、你最喜欢的海滩、让你惊艳的日出……列一个清单，从中找到最容易想象，也最能让你感到开心的场景	

一些可参考的庆祝方式

· 说"太棒了！"或"哇！"

· 挥舞拳头

· 大笑

· 想象某个"老铁"在为你鼓掌

· 跳舞

· 哼两句你喜欢的乐观向上的歌曲

· 吹口哨

· 拍拍手

· 点点头

· 给自己点赞

· 想象一群人在欢呼庆祝

· 在心里对自己说"干得不错！"

· 深呼吸

· 打响指

· 想象看见烟花在绽放

· 向上看，做出"V"的手势

· 在心里哼《猪八戒背媳妇》的调子

· 得意地笑

· 甩甩手臂

· 说"搞定！"

· 握紧拳头，说："Yes！"

· 想象鸡腿的味道

· 握拳，轻轻敲打心脏位置 3 次

· 想象掌声雷动的场景

· 拍拍胸脯

· 跟自己击掌

- 像大侠一样抱拳
- 想象你有一条尾巴，欢快地摇来摇去
- 像蜘蛛侠一样"吐丝"
- 像反派一样说："我胡汉三又回来了！"（这个"梗"有点老，是我自己的庆祝方式。）

和你的支持者商讨庆祝方式

永远不要忘了你的支持者，也就是你的"四老"。他们和你一起庆祝，会让你得到的激励翻倍，而且经常共同庆祝成功，会让你们的关系更好。他们既可能是你学霸之路上巨大的潜能项，也可能是你学霸之路上巨大的干扰项。一定要记得通过共同的庆祝仪式"培养"他们，让他们只成为你的潜能项，而且他们也有足够强的意愿想要这么做，你成为学霸正是他们想要的。

你们可以有日庆祝仪式、周庆祝仪式、月庆祝仪式。每当你完成日目标、周目标或月目标时，别忘了告诉他们，然后和他们一起庆祝。

请记住，庆祝仪式不应是物质性的，如让爸妈奖励你 100 元、买个玩具。当然，和他们一起看场电影是个好主意，虽然这也要花钱，但促成了"众乐乐"，而不是你自己"独乐乐"。

庆祝方式可以是一起欢呼，可以是相互击掌，可以是做约定的其他动作，可以是枕头大战、水球大战等这些足够闹腾的方式，也可以是一起散步这种安静的方式。总之，一定要是能让你们都感到开心快乐、体验成功的方式。

是时候开始行动了！

给你目前选定的过程目标搭配合适的庆祝方式，每天完成它之后立刻庆祝。在达成周目标时，和你的支持者举行周庆祝仪式。达成月目标后也是如此。

第 11 章 | 学霸第七步：预估失败
——不事先为失败做准备，就会一直失败

 11.1 **海妖的歌声**

海妖塞壬人首鸟身，姿容娇艳，体态优雅，尤其是歌声非常甜美，没有人能够抗拒这致命的诱惑。

塞壬居住在一个海岛上，那一带堆满了受害者的白骨。塞壬每天坐在花丛中，唱着蛊惑人心的歌，她甜美的歌声在大海上空飘荡。过往的船员们被歌声吸引，会改变航向，朝塞壬所在的海岛驶去。途中，船只会触礁沉没，船员们则会被塞壬吃掉。只有太阳神阿波罗之子俄耳甫斯曾顺利通过塞壬所在的岛屿，因为他擅长弹奏竖琴，用自己的琴声压倒了塞壬的歌声。

英雄奥德修斯率领船队在大海里航行，要回到自己的家乡伊萨卡岛，他不得不从塞壬的岛屿旁驶过。他知道自己和船员们无法抗拒塞壬致命的歌声，于是事先采取了谨慎的防备措施。

船只还没到达能听到歌声的地方，奥德修斯就命令船员们把他

绑在桅杆上，并吩咐他们用蜡把耳朵塞住。他还告诫他们，经过"死亡岛"时不要理会自己的命令和手势。

不久后，那座岛屿进入他们的视线范围。奥德修斯听到了迷人的歌声。歌声如此令人神往，他绝望地挣扎，想要挣脱束缚，并向船员们叫喊，要他们驶向海妖所在的岛屿，但没人理他。

船员们驾驶船只一直向前，直到确认安全后，他们才给奥德修斯松绑，取出自己耳中的蜡。

11.2 挫败，学霸的必经之路

要想成为学霸、超越学霸，你需要保持积极的态度，但也不要"强制乐观"和"只能乐观"。通往目标之路注定不会一帆风顺，你一定会经历挫败。没有经历九九八十一难，孙悟空只能是只猴子，不可能成为斗战胜佛。

上一章我们讲到，控制激励系统的是多巴胺。它为你向着目标前进提供强大动力，但它的"毛病"也不少。

多巴胺贪婪又盲目，让你既想要学习成绩好，又想要打游戏，还想看看短视频、吃顿西餐、睡懒觉……反正，只要是能让你感觉愉悦的东西，多巴胺都会都推着你去争取，也不管那样做会不会影响你真正想要的目标。

所以，你常常会感到有两个小人儿在脑子里打架。"玩会儿手机。""不行，该写作业了。""就玩一会儿。""不行，不行。""就玩一小会儿嘛。""不行，不行……好吧，说话算话，就玩一小会儿。"结果，等妈妈崩溃，开始"河东狮吼"时，"一小会儿"早已变成了两小时。

其实妈妈也一样，她减肥时，脑子里也常有两个小人儿在打架。"吃个鸡腿。""不行，你在减肥。""就吃一个。""不行，不行。""两口，只吃两口。""不行……好吧，只吃两口，说话算数。"结果，两口又两口，减肥再次失败。

"塞壬的歌声"无处不在，加上多巴胺又有盲目而贪婪的"臭德行"，就导致在我们通往真正想要的目标的路上，潜藏着偏离航向的风险——就像英雄奥德修斯真正想要的是回到自己的家乡伊萨卡岛，却不得不面对塞壬歌声的致命诱惑。你需要为此提前做好准备。

当梦想目标、理性目标和绩效目标进入"预演成功"环节时，多巴胺很兴奋，但那些目标都很遥远，不能让多巴胺立刻满足——你兴奋几天之后，就有些兴味索然。所以，在第六步，对于自己的小小进步，你要及时庆祝，以安慰多巴胺。

"学霸 8 步法"建议你追求 1% 的进步，就是要将可能的挫败减到最少。过程目标越完美，失败的可能性就越大，而大脑又对挫败很敏感，当挫败来临，它会夸张地大叫，以为那是了不得的危险，驱使你逃离。

但即便只追求 1% 的进步，你也很难避开挫败，它往往出其不意，不知道会从哪个方向发起袭击。所以，你不要以为不会经历挫败，相反，你一定会经历，就像每个学霸一样。重要的不是幻想挫败不会出现，幻想干扰项不会出现，而是为必经的挫败做好准备。

⑪.³ 调整环境，降低失败的可能性

学霸秘密之三是高效学习。好习惯是你的"自动驾驶模式"，既能降低你的大脑负荷，让你把脑力和精力解放出来完成学习任务，同时也会减少学习干扰项，所以好习惯是高效学习的必要条件。

养成一个习惯需要多少天呢？有个流行的说法是 21 天，你一定听说过。但这个说法没有科学依据。养成不同的习惯，需要的时间会不同。想想看，养成打游戏的习惯需要 21 天吗？两天就够了。养

成习惯的过程中，有没有内部激励和外部激励，也会导致所用的时间不同。

另外，环境对习惯养成的影响也非常大。如果你所在的班级整天乱哄哄的，每个人都不认真听课，每个人都不爱学习，你要养成专注听课的习惯就会相当困难，你经历挫败的可能性就要大很多。相反，如果班里学习氛围很好，每个人都积极学习，你养成专注听课的习惯就容易得多，你经历挫败的可能性就会小很多。

为了更快地养成好习惯，达成你的目标，你需要调整环境、减少阻力，以降低经历挫败的风险——就像奥德修斯让船员们把他绑在桅杆上，并吩咐他们在耳朵里塞上蜡一样。环境中最重要的 3 个因素是人、时间、地点。

人

你身边的人对你能否达成目标、养成习惯影响很大。我们已经说过数次，你身边的重要他人，你的"四老"对你的学霸之路影响很大，他们既可能是你巨大的干扰项，也可能是你巨大的潜能项。所以，"学霸 8 步法"中有专门的一步用于处理你和你的重要他人的关系，就是第二步"形成合力"。这非常重要，你千万不要掉以轻心。

与环境中的人形成合作关系，得到其良性支持，将有助于你达成目标。

时间

时间是环境信号的一部分，对习惯的养成影响很大。

习惯心理学家对一些参加健身的成年人做了一项研究，研究为期 12 周。其中有些人的健身计划是"每天早上 7 点去锻炼"或"每天吃完晚饭去锻炼"；有些人则没有固定的用于锻炼的时间，而是有空就去锻炼。

12 周之后，那些每天都在固定时间段锻炼的人表示，他们无须刻意思考什么，也无须反复提醒自己，就会自觉去锻炼。对他们来说，锻炼成了一种自发行为，成了"自动驾驶模式"，也就成了习惯。而那些锻炼时间不规律的人就没那么幸运了。他们只有想运动，或者有意识地强迫自己时，才会去锻炼。

小 C 要养成书写工整的习惯，第一个月的过程目标是每天写 5 个工整的字。我给他的建议是，在每天刚开始写作业时就完成它，也就是坐下来写的头 5 个字是工整的。这个时间段是固定的，不容易忘。如果只是模糊地说"每天写 5 个工整的字"，有可能将全部作业都写完了才发现没完成这项任务。

在固定的时间做固定的事，才能更好更快地养成习惯。这是你需要谨记的。

地点

地点当然也很重要。

在你所处的学习环境里，只能出现与学习有关的东西，干扰你注意力的任何东西都要离开你的视线范围。不然，你就是在考验你的多巴胺，考验你的意志力。如果你不得不频繁地跟诱惑做斗争，你就是在增大自己大脑的负荷，增加内心竞赛的难度，增加自己的学习干扰项。

在开始学习之前，先检查学习环境中的物品，这很重要。玩偶、明星"周边"、动漫"周边"等都要放进封闭的容器中，不要放在眼前，甚至不能放在触手可及的抽屉里。电子产品除非上网课、需要"打卡"时可以带进房间，其他时间一定要放在另一个房间，或请父母代为保管。

另外，应根据当天的学习计划，把不同科目的课本、练习册等学习材料按顺序摆放。我的建议是，预先把当天所需的学习材料（课本、练习册等）堆放在书桌或课桌的左上角，把最先需要处理的放在上面，其他的按先后顺序从上往下依次摆放。把处理完的放在书桌或课桌的右上角，需要二次处理的（如需要检查、改错的练习册）则放在中间位置。

这样做会降低你大脑的负荷，你不用找来找去，也不用时刻担心忘记处理某个任务。

⑪.④ 设置"行动扳机"，增加成功的机会

如果你玩过玩具枪或看过有开枪场景的影视剧，那么你一定知道开枪时需要扣动扳机，然后子弹会飞出。

我们做任何动作之前，也都会出现"行动扳机"。雨点落下是你撑伞的"行动扳机"，红灯是你停下步子的"行动扳机"，绿灯是你通行的"行动扳机"，上课铃声是你拿起书本的"行动扳机"，下课铃声是你跑出教室的"行动扳机"。"行动扳机"是行为发生的决定性因素，没有"行动扳机"，行为就不会发生。

在达成目标、养成习惯的路上，忘记行动和拖延是造成失败的重要因素，是另一种"塞壬的歌声"。所以，你需要为你的学习行为，为你要养成的新习惯设置"行动扳机"。

"行动扳机"有外部的，也有内部的。

外部的"行动扳机"，你在第二步"形成合力"中已经设置好了，就是你与你的支持者商定的提醒手势和提示语。

更有效的是内部的"行动扳机"，也就是自我提示。

设置内部的"行动扳机"，有助于你的新习惯"速成"。具体的做法是，把新习惯放在你已经有的旧习惯之后。比如，你每天早上都会刷牙，这是一个非常稳定的旧习惯。如果你想养成自信的习惯，就可以把每天早上的刷牙行为当成"行动扳机"——刷完牙，

把牙刷放回杯子里之后，握紧拳头，对镜子里的自己说："小伙子（大姑娘），你是好样的！"

设置内部的"行动扳机"，需要使用"当我……之后，我会……"的句式。上面的例子可以表达为"当我每天早上刷完牙，把牙刷放回杯子里之后，我会握紧拳头，对镜子里的自己说：'小伙子（大姑娘），你是好样的！'"因为"行动扳机"是每天都会产生的，你把新习惯放在它之后，再练习几次，以后就很容易记住去做新习惯对应的动作了，新习惯也就能更快更好地养成。

"行动扳机"是一种形象的说法，心理学家的严谨说法叫"触发情境"或"提示"。

"行动扳机"究竟能对人的行为产生多大影响呢？心理学家的一项研究回答了此问题。其研究对象是平均年龄为 68 岁的一群老人，他们刚做过髋关节或膝关节置换手术。这些老人的髋关节或膝关节出了问题，导致他们行动不便、非常疼痛，不得不动手术将其换成人工关节。

这些老人在手术之前，已经被病痛折磨了一年半之久。但做完关节置换手术后的初期，他们还要忍受疼痛，甚至疼痛还会加剧。手术后，他们连洗澡、上床甚至站立等基本的生活行为都无法独立完成。他们的康复之路漫长而又艰辛。

这些老人被分成两组，一组被要求为自己的康复训练设置"行动扳机"，一组则没有收到要求。毫无疑问，所有老人都渴望尽快让双腿恢复健康。但他们的康复速度却大相径庭。设置了"行动扳机"的老人，平均 3 周后可以自行沐浴，另一组老人则需要 7 周；设置了"行动扳机"的老人，平均 3.5 周后能自行站立，另一组老人则花费了 7.7 周；设置了"行动扳机"的老人 1 个月后便能独立上下车，而另一组老人则用了 2.5 个月。

心理学家研究发现，无论是困难的目标还是简单的目标，"行动扳机"对其达成率都有很大的影响。目标比较简单时，"行动扳机"把达成率从78%提升到84%；目标比较困难时，"行动扳机"则将达成率从22%提升至62%。

请使用学霸工具包14"行动扳机"3步法设置自己的"行动扳机"。

步骤1，寻找"行动扳机"

"行动扳机"必须是你生活中一定会发生的事情。无论你的生活是规律的还是随性的，你每天都会遇到一定会发生的事情，比如吃饭、睡觉、刷牙、洗脸。找到它们，列出一个清单，使用"当我……之后，我会……"的句式将其记录下来，作为你新习惯的"行动扳机"。

示例如下。

· 当我睡醒下床之后，我会……

· 当我从床上坐起来之后，我会……

· 当我冲完厕所之后，我会……

· 当我刷完牙之后，我会……

· 当我梳完头之后，我会……

· 当我穿好鞋之后，我会……

· 当我坐到座位上之后，我会……

· 当我走进教室之后，我会……

· 当我推开宿舍的门之后，我会……

· 当我脱完鞋之后，我会……

· 当我躺到床上之后，我会……

你有没有发现，上述示例都是非常明确的事件？"行动扳机"一定要明确，模糊的"行动扳机"没有用，如"当我心情不好的时候，我会深呼吸"。

按照从早到晚的时间顺序，你会发现有很多你一定会做的事，这些事都可以作为你的"行动扳机"。

步骤 2，将新习惯与"行动扳机"进行匹配

新习惯要跟"行动扳机"进行匹配。匹配时，需要注意两个方面。

匹配地点

你要考虑新习惯产生的地点，找出已经存在于那个地点的"行动扳机"。如果你想养成自我检查作业的习惯，那你就要在你写作业的地点寻找合适的"行动扳机"，而不是在宿舍寻找——"当我躺到床上之后，我会自我检查作业"一般是不成立的。

匹配频率

如果养成新习惯需要每天进行一次动作，你就需要为其匹配每天都会发生的"行动扳机"。如果你想每天进行 3 次，你就需要找到每天会发生 3 次的"行动扳机"。比如，你想培养自信的习惯，且每天行动 3 次，你就可以在每日三餐放下筷子之后，在心中默念："我是好样的！"

步骤 3，利用"最后动作"优化"行动扳机"

从日常行为中，挑选一个精确事件作为"行动扳机"至关重要。用"刷完牙之后"这个"行动扳机"，你可以完成增强自信的行为。但如果这没有效果，你就可以把这个"行动扳机"进一步分解，找到它的最后一个精准动作，比如"把牙刷放进杯子里之后，我会默念'我是好样的！'"。

想找到"最后动作"，你只需想想体育老师教你们新动作时会怎么做。他会"分解动作"，把大动作分解成几个连续的小动作。刷牙这一行为由几个小动作组成，最后一个小动作是"把牙刷放进杯子里"，还是"把杯子放回原位"？每个人可能会有不同的答案，你要找到自己的"最后动作"，然后把它当成新习惯的"行动扳机"。

11.5 建立信念：世界上只有成功和成长，没有失败

前面所有的步骤，都是为了减少你的行动干扰项，发掘你的行动潜能，把经历挫败的可能性降到最低。但俗话说"人算不如天算"，在奔向目标的征途中，你仍然无法完全避免挫败。这时，提前做好心理建设就显得至关重要。

心理建设就是建立一个新的信念：世界上只有成功和成长，从来没有失败。这就是我们前面讲过的"成长心态"，而不是"定型心态"。

每次失败都是一个新的成长机会，都会让你从中学到新东西。爱迪生在改良灯泡时，经历过上万次失败。有年轻人问他怎么看待这些失败，他说："我并没有失败过，我只是发现了一万种行不通的方案。"

请记住，挫败有真实的挫败和想象的挫败两种。有句话叫作"行百里者半九十"，意思是说，一个人要走 100 里路，虽已经走了 90里但也只能算走了一半。从现实的距离看，这种算法当然不对，但从心理上说，这却是对的。很多人都不是在中途放弃，而是在胜利的曙光来临之前的那一刻放弃。坚持做一件事很久，你觉得自己一直在原地踏步，觉得自己没有取得任何进展。你感知到了挫败，但这并非是真实的挫败，而是想象的挫败。可是，事情就是这么怪异：你想象出挫败，把它当成真的，放弃了前进，想象的挫败就变成了真实的挫败。

无论是遇到真实的挫败还是想象的挫败，我们都可以使用表 11-1 所示的学霸工具包 15"预估挫败工作表"，来帮助自己建立"世界上只有成功和成长，没有失败"的坚定信念，并提前制定预案。

表 11-1　学霸工具包 15" 预估挫败工作表"

我可能会在哪个（些）环节遇到挫败（真实的和想象的）？			重复进行"黑色"的风险思考，把所有可能出现的挫败都罗列出来
成长方案	成长问句	答案	新的行动
目标是否需要调整？	现在的目标是我真正想要的吗？	是□ 否□	若答案是"是"，则坚持；若答案是"否"，调整目标
	是不是还有更重要的东西才是我真正想要的？	是□ 否□	
	达成过程目标的难度是合适的吗？	是□ 否□	若答案是"是"，则坚持；若答案是"否"，调整目标
	是否需要设定一个试验期，经过试验期后根据达成情况对目标进行调整？	是□ 否□	若答案是"是"，设定试验期
行动方案是否需要调整？	我采取的行动是否有效？	是□ 否□	有效多用，无效调整
	我是否在朝着正确的方向前进？	是□ 否□	
	我是否该试试其他方法？	是□ 否□	有效多用，无效调整
	我的支持者是否有什么好建议？	是□ 否□	
是否需要更多支持？	我是否需要我的支持者投入更多？	是□ 否□	若答案是"是"，向支持者表明，请求更多支持，商讨更好的支持方案
	我是否需要更多的支持者？	是□ 否□	
	我是否需要我的哪个支持者提供更好的支持？	是□ 否□	
是否缺乏耐心？	以上不需要调整的话，我是否缺乏耐心？	是□ 否□	制定保持耐心的方案

完成"预估挫败工作表"是有前提的：前面几步的工作一定要做足，顺序一定不要乱。你需要在前面几步，和你的支持者们一起，把共同的信心和力量充分调动起来，之后才来进行这一步。

道理很简单，你如果在信心不足的情况下就去预估可能的挫败，只会吓着你自己，只会让你裹足不前。

所以，关于第七步，我最后的建议是，如果你在预估挫败时泄了气，那就停下来，返回去，从第一步开始，找到自己真正的目标——"要什么"，找到自己的力量和资源——"有什么"，找到足够多的激励自己的方式方法，再来进行这一步。

是时候开始行动了！

针对你目前选定的过程目标，使用本章介绍的学霸工具包，调整环境，设置"行动扳机"，预估可能的挫败，提前做好心理建设和制定预案，以保证自己在驶往目标的征途之中，不会因为"塞壬的歌声"而偏离航向。

希腊诗人卡瓦菲斯有一首诗叫《伊萨卡岛》，此处摘录开头的几句，送给向着目标前进的你——和英雄奥德修斯一样向着目标前进的你。

当你启程前往伊萨卡，
但愿你的道路漫长，
充满奇迹，充满发现。
莱斯特律戈涅斯巨人，独眼巨人，
愤怒的海神波塞冬——不要怕他们：
你将不会在途中碰到诸如此类的怪物，
只要你高扬你的思想，
只要有一种特殊的感觉，
刺激你的精神和肉体。

第 12 章 | 学霸第八步：行动与反思
——没有行动与反思，你只能仰望学霸

(12.1) 持续精进，你需要一面镜子

这本书里引用了很多"大脑壳"的智慧，首先出现的"大脑壳"是提摩西·加尔韦，就是提出"学霸公式"（绩效公式）的那位。他的内心竞赛和外部竞赛理论也贯穿了整本书。提摩西·加尔韦作为网球运动员，会亲自指导学员打网球。

有一次，一个名叫杰克的学员对他说，自己打球有一个问题，总是把球拍挥得太高，至少有 5 位教练都告诉过他这个问题并纠正了他的动作，但他就是改不过来。杰克想让提摩西·加尔韦教他该怎么做。

提摩西·加尔韦觉得这件事很荒谬，杰克是用业余时间学习打网球，他的真实身份是企业家。作为一位成功的企业家，杰克能管理好运转复杂的大型企业，却没办法做好一个挥拍的动作，而且是在至少 5 位教练纠正了他的动作之后。

提摩西·加尔韦让杰克做了几次挥拍动作，发现他确实存在那

些教练说的问题。接着，提摩西·加尔韦把杰克带到一面大镜子前，让他再次做挥拍动作，并注意观察镜子里的影像。杰克照做了，挥拍太高这个问题再次出现，但这次杰克大吃了一惊："哦，球拍确实太高了，都高过我的肩膀了！"

杰克的吃惊也让提摩西·加尔韦感到惊讶。已经有至少5位教练告诉过他这个问题了，并且他自己也说有这个问题，他怎么还会这么吃惊呢？

答案或许是，在观察自己之前，杰克并非真的知道，只是以为自己知道，却并不知道自己其实不知道。

提摩西·加尔韦让杰克继续挥拍，并观察镜子里自己击球的动作，杰克自然而然地放低了拍子，问题解决了。

杰克很感激提摩西·加尔韦，说："我真不知道该如何感谢你，仅仅10分钟，我从你这里学到的东西，远远超过了在20个小时的训练课中学到的。"

提摩西·加尔韦想到自己没有给过杰克任何建议，就问道："但我教了你什么呢？"

杰克沉默了足足半分钟，想要回忆起提摩西·加尔韦教了他什么。最后他说："我完全不记得你给我讲过任何东西！你只是在旁边观察我，然后让我比以前更仔细地观察自己的动作。我也没有刻意去想自己究竟错在哪里，我只是观察，似乎动作自然而然地就发生了改变。我也不知道为什么，但这么短的时间内我肯定学到了很多。"

(12.2) 行动：简单的事情重复做，你就是专家

不知道你有没有发现，"学霸8步法"一共8步，第一步"制定目标"，第二步"形成合力"，第三步"预演成功"，第四步"激发潜能"，第五步"迭代目标"，第六步"即时激励"，第七步"预

估失败"，这 7 步其实都是在为最终的行动做准备，并没有真正开始行动，直到这最后一步才开始行动。

对于这样的安排，你是否有疑惑？这跟平常的做法很不一样。这就是"3W 学霸思维法"跟平常的思维方法的不同。

你可以留意一下，在遇到事情时，人们通常是怎么思考的。你的"老铁"在遇到问题时，有没有让你给他出过主意，支过招？当时你们是怎么互动的？

我猜这个过程大概会是下面这样的。

"老铁"跟你说了自己遇到的麻烦——问题，也就是"不想要的"，以及他为何没能解决麻烦，表明"我没辙了，救救我！"然后急匆匆地说："给我支个招，我该怎么办？"如果你说点其他的，他就会立马打断："别扯这些，告诉我怎么办！"

人们似乎总是急于问"怎么办"，急于开始行动，而且在把注意力放在"不想要的""缺什么""没什么"的基础上，立马想要找出行动方案，立马开始行动。这样找出来的行动方案，这样开始的行动，往往只会把事情搞得一团乱麻。

"学霸 8 步法"却截然不同，它遵循"3W 学霸思维法"，在"要什么"（目标）和"有什么"（资源）方面完成了整整 7 步，直到最后一步才真正开始行动。为什么要这样？

你一定知道水坝，即便没有亲眼见过。水坝一般用来发电，它把江河的水拦腰截断，让水停止流走。上游的水继续流下来，水坝的水位逐渐升高。当水位升到足够高的时候，人们才会开闸放水，水一泻而下，形成巨大的冲击力，推动水力发电机发电。

"学霸 8 步法"也是如此，前面 7 步都是在为最后的行动做准备，都是在积蓄能量。

到真正行动的时候，事情早已经变得很简单了，现在你要开始追求 1% 的改变了。接下来你要做的就是，制定一个简单的行动清单，列出每日计划表，重复做简单的事情。学霸工具包 16"每日行动清单"如表 12-1 所示。

表 12-1　学霸工具包 16"每日行动清单"

序号	时间	事项	是否完成
			是□ 否□
			是□ 否□
			是□ 否□
			是□ 否□
			是□ 否□
			是□ 否□
			是□ 否□
			是□ 否□
			是□ 否□
			是□ 否□

看到这个清单之后，你有什么感觉？你的脑子里有可能蹦出一句话："就这？！"

是的，这确实司空见惯、平淡无奇，你早就见过 100 次甚至上千次了，它跟你见过的计划本、工作日志没什么两样。实际上，你完全可以不采用我提供的这种清单，随便在学校门口买一个计划本就行。但我想说的是，千万不要低估了平淡无奇的东西，正如不要低估扫地的老僧人一样——他有可能是深藏不露的真正的高手。

请耐心读完下面的事例，它将颠覆你以往的认知。你是否相信，一个简单的清单可以改变大局、力挽狂澜、挽救生命？

大型医院都有重症加强护理病房，病重、病危的人会被安排到那里，获得特别的监护和治疗。重症病人用药经常会通过静脉注射，你一定在电视剧里见过身上插着各种管子的重症病人，其中有一根管子就是静脉注射管。静脉注射管一定要保护好，因为一旦受到病菌感染，极有可能使病人染上与原来病症不同的新的严重疾病。

　　曾经，怎么防止静脉注射管感染的问题，让各大医院伤透了脑筋。于是，一位名叫彼得·普罗诺沃斯特的医学教授编制了一份检查清单（行动清单的另一种叫法）。

　　这份检查清单上没有任何新的科学知识，只有诸如"医生在插入静脉注射管前洗手""穿刺前给病人的皮肤消毒"之类的简单的内容，但其应用结果却出人意料：密歇根州重症加强护理病房引进检查清单 18 个月后，输液感染的案例几乎为零。医院无须再处理相关病症，估计节省了 1.75 亿美元；更重要的是，这份清单挽救了大约 1500 个患者的生命。

　　关于行动清单，全球心流体验专家史蒂芬·科特勒也说过：获得巅峰表现（心流状态）的最简单的方法就是利用行动清单。

　　不要轻视简单的东西，只有简单才能让你的大脑降低负荷，低成本、高效能地运行。简单的行动清单，会给你的大脑节省很多空间。你的大脑喜欢条理清晰，如果你每天早上起来对当天的事务一片茫然，它就会分神。如果它需要随时思考下一步该干些什么，是不是遗漏了些什么，如果它随时为可能遗漏的事担心，为已经遗漏的事懊悔，它的负荷都会增加，让你的学习干扰项增多，让你输掉内心竞赛，进而难以在外部竞赛中获胜。作为中学生，你每天的日程已经安排得太满，脑力已经耗费得太多，让行动清单为你节省些力气吧。

　　行动清单的填写也很简单。第二天的行动清单需要在前一天填写完成，这是前一天的最后一项任务。当你把前一天的全部任务都完成以后，你需要花上 5~10 分钟的时间，根据自己的过程目标、学校的课程表、老师留的作业等，把第二天要做的事一一写入行动清单。

　　第二天，每做完一项任务，就在其后面打个"√"。每打一个

"√"，就是一次小小的胜利。这小小的胜利会让你有一种小小的快感，获得一次小小的心流体验，这就是你的大脑在分泌多巴胺，在给你即时激励。前面 7 步储备下来的激情和动力推动你不断取得小小的胜利，小小的胜利会让你的大脑分泌多巴胺，多巴胺会激励你继续前进，这样就会形成良性循环。随着时间的推移，你最终就会坐上学霸宝座。

12.3 反思：简单的事情用心做，你就是赢家

用心做，就是要对自己的行动进行复盘和反思。

学习、成长之路漫长。目标指向未来，你自己期待的、想要的未来，给你提供前进的方向和动力；你过去存储下来的潜能和优势，给你提供信心和力量；行动清单告诉你有没有沿着正确的方向前行；而对当天、当周、当月甚至当年的行动进行复盘和反思，则会给你反馈，让你总结经验、吸取教训，从而做得更好。

为了更好地复盘和反思，你需要两面镜子。一面是外部的镜子，就是你的支持者们。他们的提醒手势和提示语，会在你偏离目标时像镜子一样提醒你。实际上，各种考试也是这种镜子，提示你近期的努力成果是否符合目标。

你的支持者们就像杰克的其他教练，他们起到了一定的提醒作用，指出了挥拍的问题，没有这些提醒，杰克就不会进一步请教提摩西·加尔韦，不会想到改进自己的挥拍动作。但从这个案例中你也能看到，起到更大作用的，是杰克在镜子中真切地看到了自己的动作，并从中获得了新的启发。

所以，除了你的支持者们这面外部的镜子，你还需要有一面内部的镜子。这面内部的镜子，就是行动之后的复盘和反思。

复盘这个词源自棋类运动。下棋高手们下完棋之后，会按原先

的走法把棋再摆一遍，并思考走得好的一步好在哪里，以后怎么再次使用，以及走得不够好的一步怎样走会更好，也就是从自己的实战中汲取经验、改进方案。其他的体育运动，如篮球、排球，打完比赛后，教练和运动员也会观看比赛录像，以提升自己。这和提摩西·加尔韦让杰克对着镜子挥拍是一个道理。

你当然可以、应该向高手们学习。你更需要做的是，在一天、一周、一个月或一年的任务结束之后，根据自己的目标、任务和结果，根据行动清单上的记录，来复盘自己的完成情况。

需要多说一点的是反思。

反思这个词你大概经常听到。你一定听过老师对某个同学（但愿不是对你）说过这样的话："去！站到后面反思去！"在这里，老师说的"反思"其实是"反省"。反思的意思是，回头反过来思考。而反省的意思则是，回想自己的言行，检查其中的错误。

但"学霸8步法"里的反思和反省不是一回事。这里的反思，说的是反思你的收获，你的资源，让你坚持的力量，你可以做得更好的地方，你从挫败中能学到什么，而不是反省你所犯的错误。反省错误固然有可能让人改变行为、提高自己，但要想起到这样的作用是需要满足一定条件的：你的内心已经强大到不会被负面信息所干扰；你已经习惯于取得内心竞赛的胜利；自己看到错误，听到有人说你有错，只会激起你纠正错误的欲望，而不会让你有不好的感受和情绪。

如果你还没达到这种境界，请接受我的建议：反思，而不是反省。请使用表12-2所示的学霸工具包17"复盘与反思工作表"来进行这项工作。

表 12-2　学霸工具包 17 " 复盘与反思工作表"

复盘结果	反思问句	反思结果
进步 （相比昨天、上周、上个月、去年）	我做了什么（what）事，让自己获得了进步？	
	我获得了进步，谁(who)会为我感到骄傲？谁会惊讶？	
	妈妈（或其他支持者）见到我的进步会有多么（how）骄傲和惊讶？如果满分是 10 分，她（他）有可能会给我打几分？	
	我应该在什么时候(when)在哪些地点(where)做些什么（what），才能继续进步？	
	继续保持进步，我有多大（how）信心做到这一点？用 1~10 分给自己打分	
	什么（what）情况能增强我的信心？	
	还有什么（what）更好的情况？	
原地踏步	不进则退，维持现状并不容易，我是如何（how）做到的？	
	我希望得到哪个支持者（who）什么（what）样的支持？我要他（她）对我说些什么（what）来支持我？	
	我对自己的表现打几分？要保持这个分数，我应该怎么（how）做？	
	如果接下来的一周，我想继续维持这个分数，我的生活和学习会有什么（what）改变？	
	如果我的分数增加 1 分，我该做些什么不一样的？	
	如果我的分数增加 1 分，哪个支持者（who）会先注意到？	
退步	昨天（这周）我在做那么多事情时出错，我是如何（how）渡过难关的？	
	遇到这样的困难，一般人会乱了手脚，我是用了什么（what）力量帮助自己的？	
	应对这种困难，最有用的方式是什么（what）？	

复盘结果	反思问句	反思结果
退步	在这么困难的情况下，最能让我保持冷静的方法是什么（what）？	
	如何（how）不让情况恶化？	
	假如我的分数提高一点，如从 2 分提高到 3 分，我会有什么（what）改变？	
	我的支持者会给我什么（what）支持和建议？	
	我向我的支持者说些什么（what）可以得到我渴望的支持？	
	我是否需要使用学霸工具包 15"预估挫败工作表"来调整目标和行动方案？	

你可以看出，这个学霸工具包是让你反思而不是反省自己的行动结果的。

特别需要强调的是"原地踏步"和"退步"的情形。

每个人都希望自己在达成目标之路上一帆风顺，一直保持进步的势头。但说实话，一直进步，从来不"原地踏步"甚至"退步"，永远是一种美好的愿望，而不会是事实。在成长之路上，出现"原地踏步"甚至"退步"的情形是必然的。但因为存在美好的愿望，所以当出现"原地踏步"或"退步"的情形时，人们往往会灰心失望，甚至会自我怀疑、自我指责。身边的支持者如果也这样，就有可能会把良性支持变成"毒性"支持。一旦这样，人就会在内心竞赛中失利，进而放弃努力，在外部竞赛中失败。

顺风顺水时干劲十足，这很容易办到。但沧海横流方显英雄本色，风高浪急更见砥柱中流。在"原地踏步"甚至"退步"时，我们只有不泄气、不退缩，在内心竞赛中保持斗志，才能真正克服挫折和困难，最终坐上学霸宝座。

爱迪生失败一万次，既可以理解为"原地踏步"，也可以理解为"退步"，他最终之所以能够成功，恰恰是因为他没有这理解，而是将其理解为"进步"或"成长"——找到了一万种不可行的方案。

爱迪生的故事固然励志，他的话也可以列为座右铭。但当出现"原地踏步"或"退步"的情形时，座右铭往往会显得苍白无力，具体的工具会更有帮助。学霸工具包 17 中的反思问句就是具体的工具，善用它们，可以让你在困难的局面下仍然信心不倒、勇往直前。

细细琢磨这些反思问句，你会发现，这绝不是在你没有进步时让你自我安慰、自我麻痹，而是帮你在保持信心的同时，找出更好的应对策略，从而取得进步。

善用它，你将在漫长的征途中获得持续不断的动力，充分激发自己的行动潜能，直到达成"目标金字塔"里的各项目标，成为你想要成为的那个最好的自己，抵达自己想要到达的地方。

进行这样的反思，你不必占用专门的时间。一天紧张的学习任务结束之后，在回家、回宿舍的路上，躺在床上的时候，去卫生间的时候，等等，在所有闲暇的时间里，你都可以进行这样的反思，进行这样积极的自我对话。你可以觉察一下，在闲暇的时间里，你的脑子并没有真正闲下来，里面飘着各种念头，这些念头里说不定有很多消极的自我对话，如"行不行呀？""他的表现怎么比我的好呢？"有目的、有计划地用反思这种积极的自我对话，替代自动出现的消极的自我对话，坚持一段时间之后，你会发现你已经成了一个不同的自己。

如此用心，如此善待自己，善待自己的每一分努力，你就会是学习的赢家和人生的赢家，你就能成就自己，进而帮助更多的人，成就更多的人。你成为学霸、超越学霸，就会是自然而然的结果。

落地篇

流程落地
成习惯，让学霸动
作成为肌肉记忆

第 13 章 | 专注的习惯：专注力是稀缺资源——抓住它

13.1 小 W：从 1/4 到 4

小 W 是个三年级的小学生，虽然不是和你一样的中学生，但他养成专注的习惯的过程，却对你很有借鉴意义。

我们平时会举办"中小学生习惯和内驱力训练营"，暑假期间则会举办短训营，训练为期 4 周——学生在这里完成暑假作业，我们则根据学生的实际学习表现，来协助他们提升自己的学习动力，养成良好的学习习惯。小 W 的妈妈把他送了过来，说他有学习不用心、不主动、爱磨蹭等问题。

第一天，我（星星）注意到妈妈说得确实没错，每节课上，小 W 大部分时间都在走神、发呆、抠橡皮、挖鼻孔。一整天下来，在 6 个小时的作业时间里，他仅仅完成了一张数学试卷的 1/4。

经过一天的观察，我觉得训练他养成专注的习惯，应该是解决他一系列问题的入口，就决定试试看。专注力是学习的基础，没有专注力就无法学习，而且专注力在互联网时代越发成为稀缺的资源。

别说你们孩子，我们大人也常常被手机里各种碎片化的信息"吸"走注意力。在我们的工作流程里，第一周是"观察期"，其间我们会首先关注学生的注意力情况，会用公式计算出每一位学生在一节课里的专注时长（下面会教给你）。经过计算，小 W 在每节课的 40 分钟里，平均有 5 分钟是相对专注的。看到这儿，你也就能明白为什么他用了 6 个小时才写了那么点作业。

第一天散营时，我把小 W 叫住，看着他的眼睛，很认真地对他说："小 W，你今天每节课有 5 分钟在认真专注地写作业，老师很好奇，你是怎么做到的？"

听了这话，小 W 有些茫然，他大概准备好了挨顿批评（像以前一样），但是并没有被批评，所以有些疑惑，不知道我葫芦里卖的什么药。刚到我们这儿时，挨惯了批评的孩子都会出现这种表情，我已经见惯不怪，就拍拍他的肩膀离开了，留下他"独自在风中凌乱"。

第二天，我继续统计，每节课上小 W 有将近 7 分钟的专注时长——改变开始了。散营时，我又把他叫住，看着他说："小 W，今天你每节课有将近 7 分钟在认真专注地写作业，仅仅过了一个晚上，你就将专注时长增加了将近 2 分钟，这是一个了不起的进步。我不知道昨天晚上发生了什么，你是怎么做到的？"

小 W 仍然一脸茫然，但我猜他这时是对自己"竟然进步了"感到不可思议，不再像昨天那样是对"为什么没挨骂"感到茫然。他好像想说点什么，但什么也没说出来。我还是拍拍他的肩膀就离开了。

就这样，到第一周的最后一天，也就是训练营第五天，我的统计显示，小 W 每节课上的专注时长达到了 11 分钟。这个数据跟其他学生相比仍然不理想，但是只过了短短 5 天时间，他的专注时长就从 5 分钟跃升到 11 分钟，对此我仍然感到很吃惊。

散营后，我对小 W 说："孩子，你知道吗？今天你每节课上有
11 分钟在认真专注地写作业，我真的很惊讶，短短 5 天的时间里，
你竟然会有这么大的进步！作为老师，我几乎没有为你做什么，既
没有提醒你，也没有教你任何东西。你仅凭自己就获得了这么大的
进步，你是怎么做到的？"

小 W 还是什么都没说，但我看到他眼圈泛红，眼中有泪水涌
现。作为一个小小男子汉，他对此又有些难为情，把头转向了旁边。
我还是拍拍他的肩膀离开了。

第二周周一，我在上第一节课时把他叫了出来。"观察期"结
束了，我们会跟每位学生商量接下来要养成什么习惯。我跟他回顾
了上周他在专注力方面的进展，问他愿不愿意养成"专注的习惯"，
他点头答应了。

接着，我们按照"学霸 8 步法"的流程，商讨了具体的做法。

到第二周周五，也就是整个训练营的第十天，小 W 一天写了 4
篇作文的草稿（回想一下你在小学三年级写作文的情况，你应该知
道达到这个工作量的难度）。他妈妈得知这个消息后惊讶地说："不
会吧？我儿子在我这儿跟在你们老师那儿简直就不是一个人。"妈
妈说得既对也不对，小 W 还是那个小 W，但小 W 也已经不再是那
个小 W 了。

当然，这只是他在外部竞赛中获得的可以计量的进步，正如书
中反复提到的，我们尤其要重视内心竞赛。虽然小 W 在内心竞赛中
获得的进步没办法客观计量，但我还是能从他的表情变化里看出一
些端倪：刚来时，他的眼神是飘忽的，他在打开作业本时是畏缩的；
但后来，他看我的眼神是笃定的，他打开作业本时也是自信的。

13.2 当我们谈论注意力的时候，我们在谈论什么？

注意力是你在上学之后听到过最多的词语之一，你几乎每节课都会听到老师提醒某一位或某几位同学要"注意力集中"，可见注意力对学习的重要性。

注意力也是本书的高频词之一，前面多次提到过它，现在又把它列为八大习惯之首。需要说明的一点是，在不同场合提到注意力时，我们有可能是在谈论注意力的不同方面。当老师和家长提醒你们"注意力集中"时，说的是要把意识全部聚焦在学习上，说的是注意力的强度。而本书认为"要把注意力聚焦在目标和资源上"，其实说的是注意力的指向。如果用打拳打比方，注意力的强度相当于拳打出去的力道，而注意力的指向则相当于拳打出去的方向。

我们先说注意力的指向。

专家、学者们对优秀运动员和二流运动员做过对比研究，其结论很有启发意义。

在采访中，优秀运动员被问及所取得的成就时，会变得非常活跃并显得仿佛身临其境，他们可以记住关于成就的每一个细节。然而，当问及失败时，他们显得和那些失败距离较远，好像它们与自己无关。

当向二流运动员问及他们的成功时，他们觉得有距离感和模糊，似乎成功与自己无关。然而当问及失败时，他们很活跃且如同身临其境，能够回忆并重新体验每一个痛苦的细节。

从这样的对比研究中你会发现，虽然优秀运动员也会经历失败，但是他们的注意力更多聚焦在自己的成功上；虽然二流运动员也有成功的经历，但是他们的注意力更多聚焦在自己的失败上。这就是二者注意力指向的不同。

注意力在哪里，能量就会流动到哪里。第 2 章讲过"每个人心里都住着两匹狼"的古老故事，最终哪匹狼会取胜呢？饱经沧桑的爷爷回答道："你喂养的那匹！"我们将注意力聚焦在哪里，就是在喂养哪匹"狼"。

所以，"3W学霸思维法"和"学霸8步法"总的指导思想就是：调整注意力的指向，把注意力聚焦在太极图的阳面而非阴面。它们始终提醒你把注意力聚焦在内心渴望的目标（"要什么"）上，而不是把注意力聚焦在问题（"不要什么""不想要什么"）上；提醒你把注意力聚焦在内在、外在资源（"有什么"）上，而不是把注意力聚焦在缺点（"缺什么""没什么"）上；在学习方法方面，也是在提醒你把注意力放在自己学习经历中的成功经验和失败中"例外"的成功经验上，以找到适合自己的科学的学习方法，而不是只把注意力放在自己的失败以及别人的成功经验上。

当我们总是把注意力放在问题和缺点上，我们的能量就会流动到那里，我们也就是在持续喂养"愤怒、悲伤、自卑……"那匹狼，从而在内心竞赛中失败，进而在外部竞赛中失败，我们能得到的结果也只能是逃跑、痛苦和失败。

而如果我们更多地把注意力聚焦在目标和资源上，能量也就会流动到那里，我们就是在持续喂养"喜悦、动力、合作、自信……"那匹狼。注意力在哪里，结果就在哪里，这样我们就能在内心竞赛中获胜，进而在外部竞赛中获胜。我们就能成就自己，也能帮助他人。

在8个习惯中，"以终为始""情绪管理""自信自尊"等仍然是注意力指向的习惯训练，仍然是提醒你训练自己聚焦"阳面"的习惯。

"专注"则更多地提醒你训练自己在学习时的注意力强度，相当于老师提醒"注意力集中"，提醒你训练自己达到像学霸X那样不受干扰的学习状态。当然，在你训练自己养成专注这个习惯的过程中，我们也在提醒你调整注意力的指向：关注你专注的那部分时长，而不是关注你不专注的时长。

在内部交流时，我们（大阿托和星星）给"专注的习惯"起了一个名字，叫它"悖论型习惯"。意思是说，专注力这东西就像手中的沙子，你越是用力想要抓住它，它就越会更快地跑掉。专注力还像人的心脏，人的心脏非常敬业、从不偷懒，但你很少能感觉到它的存在；一旦感觉到它时，就说明有异常的事发生了，要么是好事（意外得到盼望已久的珍贵礼物，你的心脏怦怦跳），要么就是坏事（心脏生病了，你该去看心内科医生了）。

正像 X 一样，当你非常专注地学习时，你是不知道自己在专注地学习的——你在心流状态下会忘记自我、忘记时间。而一旦你觉得需要专注了，就说明你已经不专注了。当你非常努力地想要专注时，恰恰也就是你不专注的时候，而且你越努力越专注不了，就像 X 的"小迷妹"一样，跟注意力"拉锯"。

出于以上原因，我们把"专注的习惯"称为"悖论型习惯"，意思是越努力越不济，它需要在不知不觉中养成。所以在养成这个习惯时，你尤其需要支持者的援助——就像我对小 W 做的那样。

你可以独自完成的部分，是有意识地训练自己专注的能力，你可以玩舒尔特方格游戏（请自行搜索）；冥想也是我想推荐给你的，手机上有不少有关冥想的 App，你可以选择一个，每天冥想 10 分钟；你也可以在看任何东西时注意观察它的细节，如看树叶时，注意观察它最细的纹理。你可以在任何闲暇时间展开这种练习，如坐公交车时观察扶手的纹理，闲坐时观察自己手掌的纹理，等等。

13.3 按照"学霸 8 步法",养成专注的习惯

第一步,制定目标

你已经设计了"目标金字塔",而且觉得目前自己的注意力集中程度较低,就可以在绩效目标中添加"养成专注的习惯"这一项了。

当你做完了前面的工作之后,这一步就十分简单,你只需要根据自己的实际情况,来决定是否把"养成专注的习惯"列入绩效目标。

需要说的是一个有趣的现象,根据我们这些年的经验,如果一个学生的"目标金字塔"真的是自己"想要的"和"真正想要的",是顺应内心渴望的,也就是说是符合 I 原则(自我激励原则)和 PURE 原则的,那么当"目标金字塔"设计好之后,他注意力不集中的问题通常就会自动变小,而且在运用"学霸 8 步法"的过程中,问题会越来越小。他还没开始行动,目标就已经快要达成了——这就是"学霸 8 步法"的奇妙之处,也是心理学家贺琳·安德森所说的"问题消融"。

这一点,你在小 C(第 9 章里的那个养成书写工整的习惯的小学生)和小 W 的故事里都见到了,我也祝愿你身上出现这种美妙的现象。

第二步,形成合力

你已经和你的重要的人,特别是和你的父母探讨了各自的目标,制定了共同的目标,形成了合作关系,他们现在开始给你越来越多的良性支持。那么,这一步你们只需要共同确定一下是否要养成这个习惯,并确定提醒手势和提示语即可。

而且,如果你们现在关系良好,你的归属感在提升,你就会发现你的专注力又进一步提升了——问题又消融了一部分,目标又在不知不觉间达成了一部分。

因为专注的习惯是"悖论型习惯"，在养成这个习惯的过程中，你还额外需要支持者们的一些支持。在小 W 的故事里，我会统计他每节课上的专注时长。如果这项工作由你自己来做，难度就要大很多，甚至可能干扰你。我把统计和计算方式列在下面，你在家写作业、学习时，可以请父母为你统计并计算专注时长。

一、设置一周的"观察期"

建议你在家学习时使用"番茄工作法"，即每学习 25 分钟，休息 5 分钟，如此循环。请爸爸或妈妈在旁边统计你在一个番茄钟（25 分钟）里的专注时长。建议在第二个或第三个番茄钟期间统计。原因是第一个番茄钟里，你有可能因为之前玩得太开心，还没进入学习状态；后面的番茄钟里，你有可能因为学习了太长时间而感到疲惫，导致注意力不在正常水平。

注意，统计期间要不打断、不提醒、不评价，只客观统计。

二、在"观察期"进行统计

（1）统计中断次数，即你的注意力分散次数。中断有两种：一种是主动中断，如发呆、东张西望、抠橡皮；另一种是被动中断，如奶奶在客厅走动时你转头观望，等等。

（2）估算每次中断的平均时长，如每次中断的平均时长为 30 秒。

（3）计算总的中断时长，公式是：中断时长 = 中断次数 × 平均中断时长。

（4）计算专注时长，公式是：专注时长 =25 分钟 – 中断时长。

注意，提醒自己和父母，把关注点放在最后得出的专注时长，而不是中断时长上。前者是你的资源（"有什么"），而后者是你的问题（"缺什么""没什么"）。就像我跟小 W 强调的是他 5 分钟的专注时长，而不是强调他 35 分钟的注意力不集中。

三、统计一周，算出平均数

统计一周之后，将每天的专注时长相加，用总数除以 7，得出平均数。这个数值就是这项目标的起始数值。有了它，下一步制定过程目标和评价进步时，目标和进步才会是具体的、可衡量的，才能符合 SMART 原则。

第三步，预演成功

使用学霸工具包 6 来探讨这个习惯对你的价值和好处，使用学霸工具包 7、8 中的一个或两个，来让自己提前体验目标达成后的成功，增加自己的内在动力。

专注的习惯是"悖论型习惯"，没办法通过外在努力达成，内在动力的增加却会让你在不知不觉间获得进步。

第四步，激发潜能

得到了统计数值，其实就已经完成了对潜能的探索，已经把硬币进行了翻转。统计专注时长之前，你自己和你的支持者的关注点常常会在问题上（"怎么注意力那么不集中？"），而现在你们开始关注你的资源（"原来我已经做到了一些！"）。

重要的是聚焦在资源而非问题上。小 W 的妈妈纠正他注意力不集中的缺点，不可谓不努力，纠正了 3 年、1000 多天，越纠正越不济，而我开始关注并告诉他已经有的资源——40 分钟里专注的 5 分钟，他第二天就开始变化了，随后有了明显的飞跃。就是因为这么一点点的差别，他就有这么大的不同，不可谓不是一个奇迹。

第五步，迭代目标

该制定过程目标了，过程目标的原则是 100% 由你掌控，追求 1% 的小目标、小改变。所以，建议你接下来一个月的目标为增加 1 分钟，即在原来数据的基础上，增加 1 分钟就算达成目标。当然，你基本上会超额完成任务，可是目标一定是只增加 1 分钟。切记，切记。

在完成任务的过程中，前期你仍然需要你的支持者每天为你统计，仍然是统计第二个或第三个番茄钟里的专注时长。

第六步，即时激励

如果你已经找到了多种庆祝方式，从庆祝方式清单中找出一种，准备好每天达成目标之后立刻庆祝，即时给自己正向反馈，它对让你更频繁地体验到心流状态很重要。你还可以和你的家人进行周庆祝、月庆祝。

第七步，预估失败

想想看，哪些因素是达成这项目标过程中的"塞壬的歌声"？如何调整自己的学习环境？把什么已有的习惯行为当成"行动扳机"？你的支持者如果偶尔为你提供"毒性"支持，你们会怎么做？详细评估可能的失败因素，提前做好心理建设和制定预案。

需要多说一句的是，不要追求完美，包括你自己和你的支持者。说实话，我在支持小 W 时也不完美，也有着急上火的时候，也曾经吼过他，也曾走到他身边重重地敲过桌子。

重要的不是表现完美，那几乎是不可能的事，重要的是提前做好心理建设和制定预案。我和小 W 做了这样的工作，我们俩不完美的表现也就没有干扰目标的达成。

第八步，行动与反思

是时候开始行动了。

每天的行动清单中增加了一项任务，记得完成任务时在其后面打"√"，让大脑分泌多巴胺，给自己激励，让自己有小小的心流体验。如果出现"原地踏步"或"退步"的情况，请使用学霸工具包 17 来反思（切记，不是反省），并进行调整和改进。

预祝你成功！

第 14 章 以终为始的习惯：忘记方向就会迷失自我——牢记它

 小 Q 的英语"噩梦"

　　小 Q 是初中一年级的女生，身材小巧，模样清秀，活力满满，古灵精怪。她来到"中小学生习惯和内驱力训练营"时，成绩中等——其他各科成绩都挺好，但英语成绩在及格线附近徘徊，用她的话说就是"英语是我的噩梦"。

　　父母给她报过各种英语辅导班，甚至请过家庭外教，但英语仍然是她的"噩梦"，特别是背单词。在"观察期"，她每天都会为背单词哭鼻子。

　　第二周，我们一对一地开始执行"学霸 8 步法"，在第一步"制定目标"中，她说自己的梦想目标是成为一个"自由、独立、勇敢"的女性，理想目标是"走遍全世界"。说到绩效目标，她的警惕性一下子就提高了："老师，我明白了，你这是诱惑我学英语。"说这话时，她脸上露出"你休想骗我"的表情。

　　我对她说："不，对于你的未来，我没有任何预设的立场，因为那是你的未来。你当然可以修改自己的目标，这是你的权利。我们可以重新想一下，什么是你真正想要的？甚至，不设目标也是你的权利。"

小 Q 略微沉思了一下，确定地说："走遍全世界就是我想要的。"

"好的，看来梦想目标和理想目标都已经确定，那么想要达成它们，你需要制定什么样的绩效目标？"我再次问道。

"学好英语！"小 Q 坚定地说。

后来，在我的协助下，她制定了自己的过程目标，除了完成老师布置的作业之外，每天还要背 3 个英语单词。随着时间的推移，在学校的默写单词检测中，她的成绩越来越好，她对英语学习的信心也开始明显增加。如果说在之前，学习英语时她有一定的习得性无助情绪，那么慢慢地，她有了越来越多的掌控感，背单词也由刚开始的痛苦、畏惧，变得有成就感和愉悦感。在英语学习中，她体会到了"蛮有意思"的感觉。我知道，对于英语学习，小 Q 开始有心流体验了。到了期中考试，她英语成绩达到了 94 分（满分 120 分）。

这时，小 Q 觉得自己的英语学习已经进入正常轨道，对每天背 3 个英语单词这项任务就开始有些懈怠，填写行动清单时，有时就会忘掉这一项，或即便想起来也干脆不往清单中填。作为支持者，我几次提醒无效之后，就问她以后是否还继续提醒，她说："老师，我觉得这项任务没必要完成了。"我尊重她的意见。

不久后的单元测试中，她的英语成绩又下降了。小 Q 很沮丧，跑到我面前向我道歉："老师，对不起，我没听你的。"

我对她说："孩子，并不存在你对不起我的问题，走遍全世界是你的梦想，不是我的。有时候你会忘掉自己的梦想，只看到眼前，这很正常，我也会这样。也许我们可以养成一个以终为始的习惯？就是让自己时刻记得向着自己的梦想进发的习惯。"

小 Q 表示有兴趣，我们共同确定了这个目标，她开始养成以终为始的习惯。

从此以后，我再也不需要提醒她记得自己的目标，不需要提醒她记得背单词。

14.2 当我们谈论以终为始的时候，我们在谈论什么？

假设你家要盖一栋带游泳池和花园的自建别墅，你父母决定把工程总指挥的权力交给你。

那么，你先不要看下面的文字，想一想，要盖这栋别墅，你要做的第一件事是什么？

在和学生一起开始执行"学霸8步法"时，这是我常问学生的一个问题。他们的回答五花八门，有的说第一步要请施工队，有的说打地基，有的说买建筑材料，有的说画图纸。你的答案是什么呢？

我们设想一下，如果第一步是请施工队，人家来了，怎么干活呢？干什么活呢？

如果第一步是打地基，打多深、多宽的地基呢？

如果第一步是买建筑材料，买什么呢？又各买多少呢？

画图纸，当然是对的。有了图纸之后，解决上面的一切问题都能有章可循。画图纸其实就是在开始工作之前，先把全部工作完成后的样子描画出来，或者在开始行动之前，把目标达成后的图像清晰地展现在眼前。这就是"学霸8步法"为什么要在第一步"制定目标"，为什么要在第三步"预演成功"。

著名"大脑壳"亚里士多德说，设定目标是人类行为的基本动力之一。加里·莱瑟姆和埃德温·洛克认为，确立目标是强化动机和提高表现的最简单的方法之一。我们的古籍《大学》也说："知止而后有定，定而后能静，静而后能安，安而后能虑，虑而后能得。""知止"就是知道终点的样子，就是目标很明确的意思。整

162

句话的意思是，知道了明确的目标之后，人就会坚定不移，而后心就会不乱，而后能从容有度，而后能思虑周到，而后能合理选择，最终有所收获。这几乎就是在说，有了目标之后，就可以减少干扰项，激发潜能项，让自己的人生绩效最大化，就可以赢得内心竞赛，进而赢得外部竞赛。

关于目标，还有人总结出它的8个益处：创造意义（让人生有意义）、明确身份（知道自己是谁）、展现自我（让世界知道我是谁）、产生联结（和爱的人、志同道合的人变得感情融洽）、掌控能量（让能量流动到想要的方向）、激励启发（给自己带来动力，给别人带去启发）、赢得信任（让他人信任自己）、创造人生（人生从此不同）。

制定内心渴望的目标之后，就会出现"问题消融"的美妙现象，原因就在于以上方面。

目标如此重要，你要时刻记住它，它才会起作用。如果你在制定了目标之后把它遗忘了，那么它就不会影响你的人生。而"以终为始的习惯"就是始终记得目标，始终循着目标的指引前行的习惯。

(14.3) 按照"学霸8步法"，养成以终为始的习惯

从第13章到这一章，你会看出本书后8章的结构。因为前面的章节已将"学霸8步法"介绍得比较详细了，在后8章，帮你养成各项习惯时，我们将不再详细叙述。这样做的理由有两个：一是如果再详细叙述，难免显得啰唆；二是过于细致的叙述，会干扰你自己的发挥。作为教练，我们相信每个人都是解决自己的问题的专家，过细的指导反而会干扰你。还记得提摩西·加尔韦是怎么教杰克纠正挥拍动作的吗？之前的教练详细纠正了杰克的动作，却对杰克帮助不大，而提摩西·加尔韦只是把他带到镜子面前，让他观察自己

挥拍的动作，没教他任何"正确"的具体动作，他就解决了问题。

后 8 章相当于老师在教给你一个公式后演示的几道例题，会有相应的真实故事，会讲每个习惯究竟是什么，也会讲这个习惯有什么价值和意义，并按照"学霸 8 步法"把相应的习惯养成过程捋一遍。这些都仅供你参考，在实际的做题过程中，你需要运用自己的内在智慧来制定细节，开始行动。

第一步，制定目标

你的"目标金字塔"展示了你内心真正的渴望，如果你觉得以终为始是一个目前需要培养的习惯，它可以让你发挥自己的价值，帮助你解决目前暂时存在的问题。比如，你虽然制定了目标，但常常将其忘掉。那么，这个习惯对你而言就是重要且紧急的，你就可以在这一步把它列为绩效目标。

第二步，形成合力

告诉你的支持者，你的重要他人，特别是你的父母（也可以是"老铁"），你在训练自己养成以终为始的习惯，解释这个习惯到底是什么，并告诉他们你需要得到他们宝贵的支持，然后探讨具体的支持方式，如提醒手势和提示语，商讨你在什么时候需要他们的支持。

第三步，预演成功

使用学霸工具包 6 来探讨这个习惯对你的价值和好处，使用学霸工具包 7、8 中的一个或两个，来让自己提前体验目标达成后的成功画面，想象如果自己能时刻记得自己的目标，时刻沿着目标前行，那时的你会有什么不同。

前面的章节以及本章多处介绍了目标的价值和意义。但这种价值和意义出自别人之口，是他们的感悟和领会。你在训练自己养成这个习惯时，要在借鉴他人的意见的基础上，体会到它对你自己的价值和意义，这样它才能给你带来足够的动力。

第四步，激发潜能

之前，在以终为始的习惯方面，你或许并没有过多的良好表现，这是正常现象，不然你也就不需要训练自己养成这个习惯了。但在这方面你也一定不是一无所有。你可以用学霸工具包 10 "刻度尺问句"给自己在这方面打个分，找到给自己这个分数的足够多的证据，如打 2 分，就问自己为什么会是 2 分；又如打 1 分，就问问自己，现在的 1 分跟读这本书之前的 1 分有什么区别。

你也可以用学霸工具包 11 "例外问句"，来找到自己记得向着目标前进的"例外时刻"，并思考：那时候发生了什么？你是怎么做的？还有这种时刻吗？

第五步，迭代目标

过程目标的原则是 100% 由你掌控，追求 1% 的小目标、小改变。所以，在养成以终为始的习惯时，你不需要一开始就要求自己每时每刻都记得目标，要求自己每时每刻都向着目标前进，而不给自己喘息的机会。

你可以选择在一天中的某个时刻做一次某个动作，来提醒自己记得朝着自己想要的未来前进。

小 Q 完成这项任务所做的动作是，每天早上起床后，喊一嗓子："又是朝着目标奋进的一天！"她说这样虽然有点"二"，但她喜欢。喊这一嗓子很快成了她家的一个有趣的必备节目。有时当她情绪不那么好时，和她一样有点"二"的爸爸会冲她喊："来吧，丫头，'二'起来！又是朝着目标奋进的一天！"

如果你的个性是内敛的，你当然不用选这种"二"的方式，可以选择你自己真正喜欢的方式。

第六步，即时激励

从你的庆祝方式清单中找出一种，准备好每天达成目标之后立刻庆祝。你还可以和你的家人进行周庆祝、月庆祝。

第七步，预估失败

哪些因素是达成这项目标过程中的"塞壬的歌声"？如何调整自己所处的环境，让自己不受诱惑、偏离航线？把什么已有的习惯行为当成"行动扳机"？小Q给自己的这项行动设置的"行动扳机"是："我每天起床，脚落地之后，就会喊出'又是朝着目标奋进的一天！'"你可以参考她的做法，设置自己的"行动扳机"。

还有，你的支持者如果偶尔为你提供"毒性"支持，你会怎么做？详细评估可能的失败因素，提前做好心理建设和制定预案。

请记住，不要追求完美，无论是对自己还是对你的支持者，重要的是做好心理建设和制定预案。

第八步，行动与反思

是时候开始行动了。

每天的行动清单增加了一项，记得完成时打个"√"，让大脑分泌多巴胺，给自己激励。如果出现"原地踏步"或"退步"的情况，请使用学霸工具包17来反思（切记，不是反省），并进行调整和改进。

预祝你成功！

第15章 | 情绪管理的习惯：青春期情绪起伏不定——搞定它

15.1 刺儿头小 K

初一学生小 K 是个刺儿头，"又菜又好斗"。

他个子小、瘦弱，壮实的同学推一下他就能把他推倒，但他的性格却暴躁易怒、令人捉摸不定。别人觉得好好的一句话，他听后不知道怎么就翻了脸，嚎起来。他刚到我们这儿时，几乎每个课间都会跟同学发生矛盾。起先，其他同学还会跟他"斗"，但一两天后，大家都对他避而远之。因为他虽然"菜"，可一旦发生矛盾，他就会像狗皮膏药一样粘上你：双手叉腰，小胸脯一起一伏，拿眼睛瞪你。你在教室里，他就站在你对面，你上厕所他就跟到厕所，如果你用手去推他，他就会"嗷"的一声扑到你身上。

别说对同学，他对老师也是这样。显然，他的学习成绩当然好不了。

小 K 到我们这儿的第一周的一天，课间结束，上课哨声响了。我走到教室，发现其他同学都坐好了，只有小 K 双手叉腰，喘着粗气，站在一个同学的课桌前。我对他说："小K，回到座位上，有问题下课后解决。"他毫无反应。

我又对他说："看起来你很生气，这一定是有原因的。但现在是上课时间，请你坐回座位。"他仍然气喘如牛，不为所动。

我说："要不，我们到办公室聊聊，让你平复一下情绪，行吗？"说着，我向他伸出了手。他仍然不动。

我严肃地跟他说："小K，如果你需要协助，老师非常愿意帮你。但是，现在是上课时间，你这样会影响其他人，这是不行的。现在，你要么回座位，要么跟我出来。"他还是一动不动。

我的怒火也一下子冒了上来，双手插在他腋下，斜抱着他往教室外走——我（星星）一个女老师都能抱起他，可见他的瘦弱。他继续抗拒，沿途拽翻两张课桌。

我把他抱到隔壁的接待大厅，放下了他。小K眼里的怒火几乎要喷出来。他狠狠地瞪着我，紧握双拳，牙齿咬得咯咯响。

我深吸了几口气，让自己的情绪平复一些，然后对他说："我知道你现在很愤怒，很恨我。我感觉刚才自己也好像被一个怪兽控制住了。这种被控制的感觉很不好，我不知道你现在是不是也有这种感觉。"

小K仍然对我怒目而视，但身体还是稍微放松了一点。

我继续对他说："小K，我知道这很辛苦，被怒火控制住会感觉很辛苦。可是我注意到，你原本在冲着同学喊，上课哨声响了之后，你不喊了。你也没有像前几天那样，生起气来就跟人打架。我猜你一定是在跟怒火这个怪兽做斗争，而且取得了一定进展。我知道这很不容易！你是怎么做到的？"

听了这话，小K紧握的拳头慢慢松开来，眼神也慢慢变得柔和，然后眼泪流了下来。

我等了他一会儿，问他："你愿意谈谈吗？……或者在这儿待一会儿？……当然，你愿意回教室也可以。"

小 K 选择了回教室。

第二周，我约他到办公室，问他愿不愿意培养情绪管理的习惯，他点点头。后来，他慢慢有了朋友，成绩也开始上升。

(15.2) 当我们谈论情绪管理的时候，我们在谈论什么？

假如你现在 4 岁，妈妈在你面前放了一块软糖，告诉你说，她要去办点事，15~20 分钟后回来，如果她回来时你没吃这块软糖，她就再奖励你一块；而如果你不等她回来就吃了软糖，就只能吃眼前这一块。你会怎么做？是立即吃掉眼前这块，还是等一等，以多吃一块？

这个著名的心理学实验由心理学家沃尔特·米歇尔在斯坦福大学的一所附属幼儿园发起。这个实验持续了多年，从参加测试的孩子 4 岁开始，一直追踪到他们高中毕业。

那些选择等待的孩子，为了压制内心的挣扎使用了各种方式，如捂住眼睛、自言自语、唱歌、玩游戏，甚至睡觉，其中有一些成功地等待了 15~20 分钟。那些容易冲动的孩子，则在实验人员离开后，在几秒之内就吃掉了软糖。

实验人员发现，那些能抗拒诱惑、延迟满足的孩子，进入青春期之后更有社交竞争力，做事有效率，坚定自信，更善于应对生活的挫折。在十几年以后，他们在追求目标时仍然能够延迟满足。而大约 1/3 的选择立即吃掉软糖的孩子，不但较少具备这些品质，反而存在较多的心理问题。

在学业表现方面，能抗拒诱惑、延迟满足的那些孩子，在学校的表现要出色得多，学习成绩更优秀，更善于表达自己的想法，做事有条理，注意力更集中，能更好地制定并贯彻计划，更有学习欲望。他们的 SAT（美国高考）成绩要好得多。1/3 的在小时候忍不住立即吃掉软糖的孩子，语文平均成绩是 524 分，数学平均分数是 528 分；而 1/3 的等待时间最长的孩子，这两门学科的平均成绩则分别是 610 分和 652 分——与前者总共有 210 分的差距。

沃尔特·米歇尔称，这个实验显示了"目标导向、自我施加的延迟满足"对人的影响。研究情商的"大脑壳"、心理学家丹尼尔·戈尔曼则认为，这反映了情商的影响力，其理由是抗拒冲动是所有情绪自控力的根源，因为情绪的本质决定了所有情绪都会导致某种行动的冲动。

你一定不止一次听说过"情商"这个词。所谓情商，就是情绪管理能力。你大概也听说过"情商比智商更重要""一个人要想成功，20% 靠智商，80% 靠情商"之类的话。同时，大量的研究也显示，情商能在很大程度上影响学习过程和学习成绩。

丹尼尔·戈尔曼直截了当地说："不管怎样，当情绪占据支配地位时，智商可能毫无意义。"也就是说，无论你有多聪明，如果你在情绪管理上出了问题，你的聪明很可能毫无意义。从本来是学霸却迅速成为"学渣"的小 D 身上，从考试时晕倒的学霸小 H 身上，你可以清楚地看到这一点。

情绪既有可能是你巨大的学习干扰项，也可能是你巨大的学习潜能项，它要么使你赢得内心竞赛，进而赢得外部竞赛，要么则可能使你在两项竞赛中同时落败。

事实上，在斯坦福大学教育学院院长丹尼尔·L.施瓦茨等人关于"科学学习"的研究中，有 3 项学习法则跟情绪管理直接相关，也有其他多项跟情绪管理间接相关，可见情绪管理对于学习至关重要。它对人的一生也影响重大，包括事业是否成功，家庭是否幸福，等等。

好在"3W 学霸思维法"和"学霸 8 步法"本身就是提升情商

的工具。我说这句话不是自吹自擂，而是有根据的。"3W 学霸思维法"和"学霸 8 步法"来自后现代心理学和教练学，而教练界的先驱约翰·惠特默说得很清楚：教练是情商在实践中的应用。

15.3 按照"学霸 8 步法"，养成情绪管理的习惯

第一步，制定目标

请根据你自己目前的实际情况，检查学习干扰项和潜能项。如果情绪管理是目前需要优化的部分，是重要而紧急的事项，请把"养成情绪管理的习惯"列为自己的绩效目标。

当然，如果目前你的情绪管理问题不是特别困扰你，你就可以暂时不把它列为绩效目标，而是去培养其他习惯。因为在其他习惯的培养中，你遵循的也是这样的步骤，而正如约翰·惠特默所说的那样，这个流程本身就是情商在实践中的应用。也就是说，你用"学霸 8 步法"养成其他习惯的过程，就是在提升自己的情绪管理能力——问题会不自觉地"消融"。

是否开始培养这个习惯，没有外在标准，重要的是根据自己的需要而定。

第二步，形成合力

养成情绪管理的习惯尤其需要你的重要他人的支持。你知道情绪是会相互影响的，不用说激烈的情绪，就是被抑制的微小情绪也会影响身边的人。你的父母也许在早年没有受过情绪管理的训练，这很正常。所以，如果你的父母在给你支持时受到自身不良情绪的困扰，本想提供良性支持，却违背本意给了你一些"毒性"支持——这是你不想要的，那么你可以展示自己的内在力量，不去抱怨他们，而是邀请他们和你一起培养情绪管理的习惯——邀请这个举动本身，

就是一种情绪管理的训练，不是吗？

请告诉你的父母（也可以是"老铁"），你在训练自己养成情绪管理的习惯，询问他们这是否也是他们想要的（一定是的），解释这个习惯到底是什么，并告诉他们你需要得到他们宝贵的支持，然后探讨具体的支持方式，如提醒手势和提示语，商讨你在什么时候需要他们的支持。

第三步，预演成功

前面我列举了心理学家们所说的情绪管理的价值和好处，你还有必要使用学霸工具包6来探讨它对你自己的价值和好处，只有体会到它与自己相关，养成这个习惯的目标才会给你带来更大的动力。

使用学霸工具包7、8中的一个或两个，来让自己提前体验目标达成后的成功画面，想象当自己能够成功管理自己的情绪，让自己更少被负面情绪干扰，更积极、更阳光时，你会与现在有何不同，这会在很大程度上增加你的内在动力。

第四步，激发潜能

请记住，情绪管理的习惯在一定程度上也属于"悖论型习惯"。

坏情绪往往无法压制，即使你暂时压住它，不让它表现出来，它也会换一种方式干扰你。你可能有过这样类似的经历：某个人对你出言不逊，你忍了，但是一上午都闷闷不乐，中午时，好朋友只是向你借一块橡皮，你就"怼"了他，使他感觉莫名其妙，不知道你怎么了。

情绪管理，重要的不是压制坏情绪，不是消除坏情绪，因为关注坏情绪会引发更多的坏情绪，如小Z因为自己自卑而更加自卑，小H因为自己为考试焦虑而更加焦虑。坏情绪像病毒，可以自我复制，这真是一个坏消息。但好消息是，好情绪也是可以自我复制的。

所以，你需要另辟蹊径，去挖掘自己在情绪良好的时候是怎做的，以及当自己情绪糟糕时，是怎么相对较好地将其变得没那么糟糕的——正像我对小 K 做的那样，他当时的情绪管理能力确实差得不得了，但是我注意到了他进行情绪管理的一些迹象：原本在对着同学喊，上课哨声响了之后，不喊了；以前会打架，当天没有。当我对他说出这些之后，他的好情绪开始出现，他感到自己原来是做了一些努力的，原来是有一定能力的，这让他有了一定的掌控感。我说的话，也让他有了被看见的归属感。这些都是正向的好情绪、好感受。此消彼长，好情绪变多了，坏情绪也就自然而然地变少了。所以，情绪管理的秘诀不是控制坏情绪，而是发掘正向的情绪和感受。

情绪是个抽象的东西，看不见，摸不着。学霸工具包 10 "刻度尺问句"特别擅长处理这方面的问题，它能够化抽象为具体，让你给自己的情绪管理能力一个量化的分数，打分没有标准，以你自己的感觉为准。给自己打个分，为得到的分值找出每一个证据，充分挖掘自己的潜能。如果你给自己的情绪管理能力打 3 分，记得找 3 分的证据，而不是找 7 分的差距，当你找到足够多的证据之后，你的情绪就已经好了很多。如果是找 7 分的差距，那只会让你情绪更糟糕，更没信心。

你也可以用学霸工具包 11 "例外问句"来找到自己在情绪管理中的"例外时刻"——类似我对小 K 做的那样，并思考：那时候发生了什么？你是怎么做的？还有这种时刻吗？

第五步，迭代目标

过程目标的原则是 100% 由你掌控，追求 1% 的小目标、小改变。

既然情绪管理的习惯也有"悖论型习惯"的特质，你可以培养积极乐观的习惯，而不用去管坏情绪何时出现，让好情绪和坏情绪此消彼长。比如，每天对着镜子里的自己微笑一次，像上一章的小 Q 那样每天早上起床时喊一嗓子"又是美好的一天"，或者无论每天发生什么，都要跟你的支持者在某个时刻拥抱一次，等等。重要的是，找到适合你自己的、能让你前进一小步的改变方式。

注意，只要一小步，非常简单的一小步。

第六步，即时激励

从你的庆祝方式清单中找出一种，准备好每天达成目标之后立刻庆祝。你还可以和你的家人进行周庆祝、月庆祝。

对于情绪管理这个习惯而言，即时庆祝、周庆祝以及月庆祝本身就是它的一部分。

第七步，预估失败

哪些因素是达成这项目标过程中的"塞壬的歌声"？如何调整自己所处的环境，特别是人际环境？和自己的支持者充分评估可能导致失败的因素，提前做好心理建设和制定预案。

设置合适的"行动扳机"，提示自己不要忘记达成目标。

虽然有点啰唆，但我还是要提醒你，请记住，不要追求完美，无论是对自己还是对你的支持者。追求完美会导致焦虑，而焦虑本身就是你要去管理的东西，不要额外增添干扰因素。

第八步，行动与反思

是时候开始行动了。

每天的行动清单增加了一项，记得完成时打个"√"，让大脑分泌多巴胺，给自己激励。如果出现"原地踏步"或"退步"的情况，请使用学霸工具包 17 来反思（切记，不是反省），并进行调整和改进。

要想养成情绪管理的习惯，反思尤其重要。当你反思而不是反省一天的进展时，当你将注意力聚焦于你做到的部分而不是没做到的部分时，你的正向情绪就会自然增加，负向情绪就会自然减少。

预祝你成功！

第16章 | 自尊的习惯：不自信就会
自我妨碍——碾压它

 "打不死的小强"

　　1988 年汉城（现名首尔）奥运会上，美国人普遍对游泳队的比昂迪抱有很高的期望。一些体育评论员甚至认为，比昂迪有可能比肩曾在一次奥运会上获得 7 枚金牌的运动员马克·斯皮茨。

　　但比昂迪在本届奥运会的第一项赛事 200 米自由泳中，居然只获得了第三名，令人大跌眼镜。在第二项赛事 100 米蝶泳中，比昂迪在冲向终点时被另一名运动员赶超，再次与金牌擦肩而过。

　　所有人都觉得，前面两项赛事的失利，肯定会影响比昂迪后面的比赛。有人甚至觉得比昂迪完了。但是比昂迪从失败中奋起，在接下来的 5 项赛事中全都夺得了金牌。

　　对此，几乎所有人都感到惊讶，除了心理学家塞利格曼（第 2 章里用狗做实验的那位）。在这届奥运会之前，他曾对比昂迪做过一个测试。

　　测试是在一次特别的活动期间进行的，塞利格曼让教练"乔虚作假"，故意给一些运动员报假成绩——比他们的实际成绩差很多，比昂迪也在其中。那次活动中，比昂迪表现极佳，但是教练告诉他成绩不佳。

尽管收到了这个不利的消息，比昂迪在休息之后仍再次尝试，他第一次的成绩已经非常出色了，但第二次的成绩比第一次的还要好。但另外一些运动员得知虚假的糟糕成绩后，则变得沮丧，失去了斗志，因而他们第二次的成绩真的变得糟糕了。

塞利格曼把这个测试称为乐观测试，乐观测试成功预测了比昂迪在奥运会中失利后的表现。在学习成绩方面，塞利格曼的乐观测试也能成功地预测学生的后期成绩。他对一所大学的 500 名新生做了乐观测试，结果证明，比起他们的 SAT 成绩或高中成绩，他们的乐观测试分数更能准确地预测他在大学一年级的学习成绩。

塞利格曼指出："要了解一个人，你需要知道他遇到挫折后是否会继续努力。我认为在智力水平一定的前提下，个体（个人）实际的成就不仅取决于才能，也取决于经受挫折的能力。"

16.2 当我们谈论自信自尊的时候，我们在谈论什么？

自信和自尊是人们经常谈起的，相信你从父母和老师那儿听到过很多这样的嘱咐："要自信起来。""要保持自尊。"

自信和自尊，在我们平常说起的时候好像是两回事，但在很多心理学家看来，自信和自尊是一回事，也有的心理学家认为自信是自尊的一部分。所以，接下来，我们把它们合二为一，只谈自尊。

你可能听到过有人这么谈论自尊："少惹小明，他自尊心很强，说不定哪句话就把他惹毛了。"但这里所说的自尊，跟心理学家们说的自尊是两回事，甚至是相反的。

到底什么是自尊呢？

假设你们班要组织一场元旦联欢会，班主任让你来策划一个组织方案。你非常用心地策划，查阅了很多资料，调查了每个同学的文艺特长，详细进行了节目安排。你觉得自己这么用心，考虑得这么周全，策划出的方案简直再棒不过了。你把方案交给班主任，班主任看了以后，皱着眉头对你说了一句："我觉得这个方案不可行。"

再假设你有3个朋友，临近周末，你看到他们把脑袋凑在一起嘀嘀咕咕，原来是商量周末一起去郊游。第二天，他们3个果然一起去郊游了，但没有叫你。

这样的经历会给你怎样的影响？会让你感到悲伤和不开心吗？你会感到愤怒和沮丧吗？你会因此觉得自己是个没有能力、不受人欢迎的人吗？你的答案会暴露你的自尊水平。

这样的经历会给低自尊的人很多伤害，让他十分羞愧，他会觉得自己没用、很差劲、不招人喜欢，他会从整体上否定自己，因为做一件事不顺利，就觉得自己在所有的方面都一无是处。

对高自尊的人来说却不是这样。高自尊的人遇到这种情况也会觉得失望和悲伤，但他不会感到羞耻，也不会觉得是自己不行、自己没用、自己不受人欢迎。面对第一种情况，他会觉得自己在组织联欢会方面的能力可能确实还不足，但自己在其他很多方面还是很强的，他并不会因为做一件事不顺利而全盘否定自己。

心理学家乔纳森·布朗和玛格丽特·布朗说："高自尊的主要优势是，它让你失败时不会自我感觉太糟糕。"

所有人在事事顺利时都会感觉良好，觉得自己很棒。人与人的区别就在于，当失败来临时会怎样看待自己。对于低自尊的人来说，如果成功了，他会认为自己很棒，并以自己为荣；但如果失败了，他就会认为自己很差，并以自己为耻。高自尊的人却不是这样的。他可以失败，但他仍然认为自己很好。高自尊的人最大的优点，就是在失败的时候也不会让自己感觉很差，也就是说即使在外部竞赛中失利，他也不会在内心竞赛中落败。所以比昂迪在前 2 项赛事中失利之后，并没有像人们担心的那样一蹶不振，而是愈战愈勇，获得了后 5 项赛事的冠军；所以爱迪生在经历了一万次失败之后，也没有被打垮，而是最终获得了成功。

本章标题里有"自我妨碍"这个词。自我妨碍就是自己给自己使绊子，阻碍自己成功。这种人是不是傻？还有自己给自己使绊子的？当然有，而且很普遍。比方说，有的同学明明想要学习成绩好，但平时不用功学习，也有的在考试之前松懈下来，这就是自我妨碍。因为对低自尊的人来说，这是很好的自我保护措施。你一定见过这种现象，有的同学在考试成绩不理想时会说："我只是没好好复习，我要是好好复习，肯定比那谁谁强。"这就是在失败的痛苦中寻求自我保护。而如果没有好好复习却意外得了高分，那他就会觉得自己很厉害。

心理学家泰斯为此专门做过一个实验。

他让一些人参加一个测验，说这个测验能测出哪些人智力水平低，但测不出哪些人智力水平高，然后他给了这些人一定的练习时间。结果显示，那些低自尊的人很少练习，他们给自己使绊子，让自己得低分。这么做既是自我妨碍，也是自我保护。他们是在保护自己脆弱的自尊。因为如果练习之后还得到较低的分数，他们就会觉得自己一无是处，可是不好好练习，即使得了低分他们也能找借口，说自己只是没有好好练习罢了。但高自尊的人却没有受到影响，他们仍然积极投入练习，最终获得了好成绩。

到这里，自尊水平对学习动力和学习结果的影响有多大，你已经知道了。低自尊会让人有意无意地自我妨碍，有意无意地给自己使绊子，阻碍自己实现梦想；而高自尊则会让人不怕失败，一往无前。前者是学习干扰项，而后者则是学习潜能项。

要想成为学霸，你需要成为高自尊的人。

16.3 按照"学霸8步法"，养成自尊的习惯

第一步，制定目标

请你根据自己目前的实际情况，检查学习干扰项和潜能项。如果自尊是目前需要优化的部分，是重要而紧急的事项，请把"养成自尊的习惯"列为自己的绩效目标。

就像情绪管理的习惯一样，如果目前自尊问题不是特别困扰你，你也可以暂时不把它列为绩效目标，而是去培养其他习惯。因为从前面几章对"学霸8步法"的介绍之中，你已经可以看出，"学霸8步法"本身就是在提升人的自尊水平。它的每一步都在强调把注意力聚焦在自己的目标和内在资源（"要什么"和"有什么"）上，而非自己的缺点（"不要什么""缺什么""没什么"）上，多个学霸工具包都在引导你，让你即便在挫折和失败中也能找到力量和资源，这本身就是对自尊的训练。

所以，如果你感到目前的自尊水平并没有过度影响自己的内心竞赛和外部竞赛，那么你可以先使用"学霸8步法"达成其他目标，自然而然地提升自尊水平。如果你在这方面的问题不太大，就让问题在进程中自然"消融"。这是"学霸8步法"最令人欣喜和感到奇妙的地方，相信你一定感受得到。当然，如果你觉得现在就需要养成这个习惯，那就开始行动，你也能体会到其他某些问题自然"消融"的美妙。

是否开始培养这个习惯，没有外在标准，重要的是根据自己的需要而定。

第二步，形成合力

养成自尊的习惯尤其需要你的重要他人，特别是你的父母的支持。

心理学家认为自尊包含两个部分：一个是归属感，另一个是掌控感。

关于归属感，前面我们介绍过，还记得那个故事吗？小朋友只是因为知道自己属于"拼图组"，就比知道自己是"拼图人"的小朋友更能坚持"拼"下去。拥有归属感表现为知道自己被深深地爱着，无论暂时的成绩是好是坏，无论哪件事有没有做好，都不担心自己被嫌弃。别忘了，在斯坦福大学的学习专家们列出的学习法则当中，归属感也是重要的一项。

而拥有归属感需要你的重要他人的支持，当你遇到挫折和失败时，他们只有提供更多良性支持，才能让你有归属感。所以，邀请你的支持者们（特别是你的父母），告诉他们你在训练自己养成自尊的习惯，询问他们这是否也是他们想要的（一定是的），解释这个习惯到底是什么，会对你达成目标有什么帮助。必要时，邀请他们和你一起读这本书，并告诉他们你需要得到他们宝贵的支持，然后探讨具体的支持方式，如提醒手势和提示语，商讨你在什么时候需要他们什么样的支持。

第三步，预演成功

前面我列举了心理学家们所说的自尊的价值和好处，你还有必要使用学霸工具包6来探讨它对你自己的价值和好处，只有体会到它与自己相关，养成这个习惯的目标才会给你带来更大的动力。

使用学霸工具包7、8中的一个或两个，让自己提前体验目标达成后的成功，想象自己能够更加自尊，即使面对挫折和失败，仍然是"打不死的小强"，在任何时候都坚信自己不是"烂木头"而是"铜豌豆"。到那时，你会与现在的自己有何不同？

第四步，激发潜能

自尊的习惯在一定程度上也属于"悖论型习惯"。

你无法通过告诉一个人"自信起来""保持自尊"就能真的让他自信和自尊，这样的善意提醒有时只会起反作用。你可以想象以下场景——只想象，不要去做。

约 3 个"老铁"，商量好怎么行动。见到另一个"老铁"小明时，你发现他自信满满，迈着"六亲不认的步伐"走了过来，你迎上前去，对他说："嗨，兄弟，自信起来。"你猜小明会怎么回答你？他多半会说："可拉倒吧，兄弟我本来就很自信。"

然后，其他 3 个"老铁"分别在不同场合，也拍拍他的肩膀，对他说："嗨，兄弟，自信起来。"到最后，你猜小明的自信程度会升高还是会降低？他多半会想："我怎么了？我觉得自己今天非常自信啊，但我的 4 个'老铁'都让我自信些，一定是他们看出什么了，一定是我有问题，而且问题很大，所有人都瞧出来了，就我自己不知道，我一定太差劲了。"

所以，告诉一个人"要自信""要自尊"，有时恰恰会让人更加不自信，更加低自尊。

而使用学霸工具包 10"刻度尺问句"就能有效避免这样的问题。给自己的自尊水平打个分，满分为 10 分，最低为 1 分，看看自己能得几分，然后找得分的证据，问自己"还有呢？"直到将证据全部找到为止。将证据找完之后，你的自尊水平已经明显提升了——还记得小 Z 的故事吗？

你也可以用学霸工具包 11"例外问句"，来找到你自尊水平的"例外时刻"。在什么场景下，你曾经有过胜不骄，败不馁的情况？那时候发生了什么？你是怎么做的？还有这种时刻吗？

第五步，迭代目标

过程目标的原则是 100% 由你掌控，追求 1% 的小目标、小改变。

你可以每天给自己设置一个"自尊时刻"，在那个时刻，你不需要给自己"打鸡血"，说自己"很棒，很棒"，你可以使用学霸工具包 10 或学霸工具包 11 做一个简短的练习。如果用学霸工具包 10 进行练习，不要追求迅速提高分数，一个月之内能提高 0.5 分即可。

第六步，即时激励

从你的庆祝方式清单中找出一种，准备好每天达成目标之后立刻庆祝。你还可以和你的家人进行周庆祝、月庆祝。

对于自尊这个习惯而言，即时庆祝、周庆祝以及月庆祝本身就是它的一部分。当你每天、每周、每月在大部分时间里都能达成目标并进行庆祝时，你的掌控感就会进一步提升，而当你和家人一起庆祝时，你的归属感也会进一步提升，这样你的自信自尊水平也就提升了。

第七步，预估失败

哪些因素是达成这项目标过程中的"塞壬的歌声"？如何调整自己所处的环境，特别是人际环境？和自己的支持者充分评估可能导致失败的因素，提前做好心理建设和制定预案。

设置合适的"行动扳机"，提示自己不要忘记达成目标。

自尊的检验标准恰恰在于经历失败或挫折时人的反应，所以预估失败，在失败时不灰心丧气，同时采取合理的应对方案，继续行动，这恰恰又是自尊的体现。

第八步，行动与反思

是时候开始行动了。

每天的行动清单增加了一项，记得完成时打个"√"，让大脑分泌多巴胺，给自己激励。如果出现"原地踏步"或"退步"的情况，请使用学霸工具包 17 来反思（切记，不是反省），并进行调整和改进。

要想养成自尊的习惯，反思尤其重要。保持进步的话，你的自尊水平自然会提升；而即使"原地踏步"甚至"退步"，用学霸工具包 17 来进行反思，也是一次提升自我的机会。

预祝你成功！

第 17 章 | 高强度思考的习惯：学霸的 不二法门——收了它

17.1 让学生听不见下课铃声的数学课

我（大阿托）上高中时的校长和校长夫人都是北大高才生。

虽然这不是重点，但我还是想八卦几句。我们这个县城高中里能有两个北大毕业的老师，是因为一段浪漫的爱情故事。我们的校长原本是个考上北大的穷小子，他的热恋对象却有优越的家庭条件，双方门不当户不对，女方家庭反对，于是毕业后他们双双跑到我们这儿当老师，后来分别成了校长和校长夫人。

校长夫人教我们数学，有一次请事假，校长来代课，那节课让我知道了什么叫学霸的高强度思考。

当时正值高三，进入了总复习阶段，整节课上校长只讲了一道题，普普通通的一道题。但是通过这道题，校长把整个高中阶段的所有重要的几何知识点全部串讲了一遍，而且讲得丝滑无痕。在听课的过程中，我们甚至都不知道发生了什么，直到结束后才意识到，原来他是从一个知识点顺畅地过渡到下一个，再下一个，再下一个……最后又回到开头讲的那道题，画了个圆满的句号。

如果把几何这门学科比喻成一个城市，其中的每个知识点就像是城市的一条条街道、小巷和一个个景点。这些街道、小巷和景点原本是相互隔离的孤立的存在，而校长则像一个高明的导游，从一条其貌不扬的小巷开始，带着我们把它们全部溜达了一遍，整个城市一下子变成了一个整体，他的带领让我们在脑海里绘制了一张完整的城市地图。之前想到要出门在城市里穿行，我们会感到茫然甚至恐惧，唯恐迷路，但当脑海里有了城市地图之后，整个城市变得亲切起来，我们开始喜欢这个城市，喜欢在它错综复杂的街道上穿行了。

那本来是一节枯燥的数学课，而且拖了堂，但班里大部分学生都没有听见下课铃声。最后校长将粉笔头一扔，说了句"好了，下课"，我们才回过神来。

那节课对我影响极大，当年我的数学成绩并不算好，满分 120 分基本只能得 80 分左右，但我在当年的高考中却意外地考了 105 分，相当一部分就是拜这节课所赐。更为关键的是，这种学习方法让我在之后的工作和学习中受益匪浅，每当我遇到一个新的知识点时，我都会去想它跟我之前学到的知识点有什么联系，这让我的工作和学习效果大大改善。

 17.2 当我们谈论高强度思考的时候，我们在谈论什么？

还记得第 4 章里出现的那个不按常理出牌的学霸小 Y 吗？

从初三开始，他就跟老师讨价还价，不再全部完成老师布置的课后作业，而是根据自己的节奏，自己安排学习进度，自己安排作业，但仍然能考出好成绩。而第 3 章中的学霸 X 经常上课睡觉，也肯定是没有严格按照老师的讲课进度学习的。

要想成为学霸，你需要知道真正的学习是自主学习，而不是死板地按照老师、家长的指导亦步亦趋。在中学阶段，你需要逐渐找到自己的学习节奏、自己的学习方法。要成为学霸，重要的不是多刷多少题，而是在学习时保持高强度思考的习惯，通过高强度思考，让知识点之间形成有机的联系，在脑海中建立立体的知识系统，形成每个学科的全景知识地图。

在斯坦福大学的学习专家们那里，高强度思考被称为"自我解读"，指通过积极解读学习内容来加深理解的学习方法。他们列举的这种学习方法的好处有：能帮助人更好地理解新学习的内容，形成对知识的通透理解，既保证记忆的效果，又提升理解的灵活度；能对从未遇见过的相关问题进行合理的推理判断（从考试上说，能有效处理没见过的新题型）；降低理解错误的概率——研究发现，善于自我解读的读者能够识别出理解错误的次数是低效读者的9倍。

结合学习专家的研究，以及我和学霸们沟通的结果，我们可以把高强度思考总结为3个原则。

（1）尽量用自己的话来表达。

在学习中，无论是文科的阅读还是理科的推理，把遇到的学习材料尽可能地用自己的话来进行表达，而不是照本宣科地读。用自己的话来复述原文，能够把信息整合到自己已有的知识体系中，并捕捉到错误的理解之处。

（2）多思考如何、为何。

为何这个定理是这样的，而不是那样的？为何作者这么写，而不那样写？如果换一种写法会怎样（一事多写）？为何出题人这样出题，而不那样出题？出题人想要考查什么知识点？如果我是出题人，换一种出法会如何？除了这种解法，换一种解法会如何（一题多解）？

（3）尽量把新知识与之前学过的知识联系起来。

一个知识点与另一个知识点有哪些相似点？与我之前学过的知识点有什么关系？还和哪些知识点有关系？它们是什么样的关系？

学霸小 Y 之所以做更少的练习题，却取得了更好的学习效果，很大一部分原因就在这里。他不是机械地对待题目，而是在很多题上投入了更多的深度思考，这使得他在一道题上的收获比其他学生在很多题上的收获还要大。

我问他是不是对每一道题都会投入很多精力。他说不是的，他会区别对待学习的内容，有的进行高强度思考，有的则是搞明白就完事。我问他有没有标准，对哪些知识点、题目会进行高强度思考，对哪些不会。他则腼腆一笑，说并没有特别清晰的标准，更多是凭一种感觉。他说，就像跟人打交道一样，有的人一见面你就想多跟他聊聊，了解更多他的故事，希望跟他成为朋友；有的人你就会觉得打个招呼、点点头就行了。他说，复杂的题型、自己不熟悉的新题型，通常会唤起他高强度思考的兴致，而已经熟悉的题型则摆平即可；另外，"硬骨头"难题常常会让他感到兴奋。他还说这也跟自己的状态有关，当自己情绪良好、精力满满时，他会进行更多高强度思考，而当自己情绪不佳、疲惫时，则往往没有能量进行高强度思考，所以他很注意劳逸结合，很注意休息。

当然，高强度思考是一件既花时间又耗精力的事，这样的事情没办法靠老师、父母的外在要求来做到，只有当它是你"想要的"和"真正想要的"时才有可能完成，只有在你赢得内心竞赛的同时才有可能完成——如果你被负面情绪、疲惫的身体和大脑所干扰，高强度思考也就很难实现。你可以思考的是，你要奔向内心渴望的目标，它是必要的阶梯吗？你为高强度思考做好准备了吗？

另外，我想跟你说的是，高强度思考也好，"自我解读"也罢，你其实对它并不陌生，你从 3 岁左右就开始玩这种游戏了，那时候你每天会用"十万个为什么"把爸爸妈妈为难得头皮发麻。"妈妈你在干什么？""妈妈在做饭。""为什么要做饭？""因为宝宝要长身体。""宝宝为什么要长身体？""长身体可以成为大人。""为什么要成为大人？""成为大人就可以有很大能耐。""为什么要有很大能耐？""因为……，他爹，把这家伙带走……"

高强度思考对你而言不是新东西，而是旧技艺，你从小就在用，而且从来没有真正丢弃过。如果想，你就可以有意识地把它捡起来。

⑰.3 按照"学霸 8 步法"，养成高强度思考的习惯。

第一步，制定目标

学习阶段，高强度思考的习惯可以助你取得好成绩。在以后的人生之路上，你仍然需要面对很多挑战，解决很多问题，而且人生之路上的问题更是没有标准答案，更需要你高强度思考。高强度思考的习惯会使你成为解决自己的问题的专家，它值得你拥有。

你可以根据自己目前的任务情况，择机开始培养自己的这个习惯。何时开始仍然没有标准答案，需要你根据自己的情况来决定。

如果你觉得时机到了，就可以在第一步把它列为绩效目标。

第二步，形成合力

培养这个习惯的主要工作由你独立完成，但与父母和老师的良好关系却是基本的前提。良好的亲子关系、师生关系是你赢得内心竞赛的基本条件，如果你和父母、老师的关系一团糟，你很难有心力进行高强度思考。亲子关系、师生关系既可能是巨大的学习干扰项，也可以是巨大的学习潜能项。不止这一个习惯，所有好的学习习惯和学习结果都需要以良好的亲子关系和师生关系为前提。所以，

"形成合力"这一步，如何强调都不为过。

在和父母、老师营造良好的关系的同时，告诉他们（特别是你的父母）自己的计划和目标，告诉他们你在培养高强度思考的习惯，请他们给你激励，给你提醒，让你逐步获得更多的学习自主权。

我当然不建议你一开始就像小 Y 那样和父母、老师谈判。自主决定作业量是需要基础的，小 Y 是在自己已经有了稳定的高强度思考的习惯之后，才开始这样尝试的。在高强度思考习惯的基础不扎实的情形下，贸然开始则风险很大。保持试验精神，小步突进，随着高强度思考习惯的逐步养成，同步调地增加学习自主权，才是可行的、靠谱的策略。让自己和父母、老师逐步看到成功的基础是很重要的。

约两三位"老铁"一起开始培养这个习惯，相互交流心得体会，共同切磋探讨，你的学习进程会得到更多的支持。

第三步，预演成功

使用学霸工具包 6 来探讨高强度思考这个习惯对你自己的价值和好处，只有当你能体会到它对自己的价值和好处，你才会有足够的动力来培养这个习惯。

使用学霸工具包 7、8 中的一个或两个，想象你成功养成这个习惯之后的场景，在心里描绘一幅画面：你读一篇文章、学习一个公式、验算一道习题时在高强度思考，而且通过高强度思考获得了更好的学习效果。感受这个过程会给你带来什么样的体验，让你有什么样的感受，体会你从中收获的成就感和自我决定的自由感，这会给你带来很大的动力，也能让高强度思考的习惯更加容易培养成功。

第四步，激发潜能

高强度思考不是天外来物，而是你的旧技能，而且你也从来没有完全抛弃过它。它在很多场合一直在帮助你，或是在你交朋友时，或是在你打游戏时，或是在你的课外阅读中，即使在你的学科学习中，你也一直在或多或少地使用它，只是有可能之前并没有把它当成一种学习习惯而已。

用学霸工具包 10 "刻度尺问句"给自己目前高强度思考的习惯打个分，满分为 10 分，最低为 1 分，看看自己能得几分，然后找得分的证据，问自己"还有呢？"直到找到全部证据为止。等找完证据之后，你会确认自己已经拥有了这个习惯的一部分，你不是从零开始，你只需要把它进一步加强。

你也可以用学霸工具包 11 "例外问句"来找到高强度思考的"例外时刻"。在什么情况下你曾经进行过高强度思考？那时候发生了什么？你是怎么做的？还有这种时刻吗？你可以多做一点的是什么？

使用这两个学霸工具包，你不但可以增强培养这个习惯的信心，而且可以找到自己独特的高强度思考的方式方法，并进一步强化它。

第五步，迭代目标

过程目标的原则是 100% 由你掌控，追求 1% 的小目标、小改变。

作为中学生，你的时间非常紧张。不要追求对每道题都进行高强度思考，可以在现在的基础之上，每天对某道简单的题目进行 2 分钟左右的高强度思考训练。千万不要贪多，随着高强度思考的熟练度的提升，你在处理其他题目时会逐渐效率更高，因为知识点之间的贯通会让你的思考更为高效。在这样的基础之上，再逐步有意增加需要进行高强度思考的题目。

第六步，即时激励

从你的庆祝方式清单中找出一种，准备好每天达成目标之后立刻庆祝。你还可以和你的家人进行周庆祝、月庆祝。

高强度思考当然值得庆祝，它是你自主决定学习，乃至自主决定人生的开始，可以让你成为自己学习的主人，自己生命的主人，这当然是可喜可贺的事。别忘了，为自己庆祝，并和家人、朋友共同庆祝。

第七步，预估失败

想想看，哪些因素是达成这项目标过程中的"塞壬的歌声"。我们的大脑也会想要偷懒，所以要给自己设置合适的"行动扳机"，提示自己不要忘记达成目标。

这个习惯的"行动扳机"可以是摊开某个作业本的最后动作，也可以是完成全部作业时放下笔的最后动作，一定要是具体的分解动作。

第八步，行动与反思

是时候开始行动了。

每天的行动清单增加了一项，记得完成时打个"√"，让大脑分泌多巴胺，给自己激励。如果出现"原地踏步"或"退步"的情况，请使用学霸工具包 17 来反思（切记，不是反省），并进行调整和改进。

预祝你成功！

第 18 章 | 时间管理的习惯：时间就是效益——把控它

(18.1) 一个差点变糟糕的上午

周六是我（星星）和双胞胎儿子的亲子时光，虽然这两个 3 岁多的家伙是一对"混世魔王"，调皮捣蛋，但一般来说，母子相处总是快乐的。可是，有一次，我险些把这样的快乐时光搞砸。

那天，不知怎么的，我老是心不在焉，老是走神，对他们的响应总是慢半拍。

气氛逐渐诡异起来。他们中的一个闹小情绪，我因为心不在焉忽略了他。他的坏情绪开始升级，变成中等的坏情绪，我仍然因为心不在焉，没能及时有效地安抚他。这时，另一个也开始闹小情绪。我因为一方面心神不定，一方面得安抚他们，也开始闹小情绪。他们中的一个开始闹大情绪，另一个开始闹中等情绪，两人一起开始闹大情绪，我开始抓狂……你见过这种场景吗？两个娃娃在哭闹，一个妈妈在歇斯底里地吼叫。我们马上就要面临这种局面了，眼看着这个阳光明媚的上午要被糟蹋了。

192

这不是我想要的！我开始想自己想要的是什么，怎么就搞成这样了呢？

我在大脑中迅速做了复盘和反思，突然想到是因为一件很小的事：在周五的工作中，我发现有一份资料需要查询。

我告诉两个儿子："妈妈需要 30 秒的时间。"然后拿出随身记事本，潦草地写上"查资料"3 个字。之后，我的大脑冷静下来，我可以专心致志地陪他们了。于是，世界很快变得风平浪静，快乐的尖叫替代了哭闹。

我的小世界会发生这样的变化，是因为我们人类的大脑有一个很重要也很有意思的特征，它会牢牢记住被打断或是未完成的事情，这样的事情像是"未画完的句号"，一直萦绕在脑中，让你无法完全投入正在做的事情——周五我发现有一份资料待查，但时间不够我没能查询，这个"未画完的句号"干扰了我，让我无法专心陪孩子，以致事情逐渐失控。这种现象叫作"蔡加尼克效应"。

如果你在学习时老是走神，注意力无法集中，甚至在玩耍时也总是走神，就是通常所说的"学也学不好，玩也玩不好"，有可能就是"蔡加尼克效应"在作祟。

(18.2) 当我们谈论时间管理的时候，我们在谈论什么？

如果你问一个大人："你的时间是谁的？"这个人通常会说："是我的呀。"

如果你问一个同学："你的时间是谁的？"你的同学大概率会说："老师的，我妈的。"

大人们往往认为是自己在掌控时间，孩子们通常觉得自己的时间被老师、父母掌控着。其实，前者未免太自大，后者则未免太卑微。真相是，如果你不学会管理时间，你的时间就不是自己的，大人和孩子概莫能外。大人那么说，一定是忘了他被老板、客户、同事、朋友、老爸、老妈、老婆、手机、红绿灯……当然还有自己的孩子呼来唤去的情况了。作为孩子，你们那么说，则一定是忘了你们其实有管理自己的时间的巨大潜能。

生命是由时间组成的，自己的时间是别人的，这件事细细思量起来，确实有点让人汗毛直竖。

你可能会说："布置多少作业是老师说了算，几点钟吃饭是妈妈说了算，我怎么管理自己的时间？"你这么说，相当于大人说："上下班是老板说了算，红绿灯的切换是系统说了算，把地板擦几遍是老婆说了算，我怎么管理自己的时间？"这不是时间管理的真正意思。

时间管理的真正意思是，需要做多少事，大部分时候确实不是我们自己说了算，但是我们能决定怎样在合理的时间里把事情做完做好，并且还能有自由安排的余地。时间管理的真正意思是，怎样在不同的时间段里，掌控并分配自己的注意力。

蔡加尼克是一位心理学家，有一次她和同事去一家餐厅吃饭，看到那里的服务生不需要做任何记录，就能准确地记住谁点了什么菜，这让她印象深刻。但令她惊讶的是，当她返回餐厅去拿忘在那里的外套时，几分钟前还有着令她崇拜的记忆力的服务生却不认识她了。蔡加尼克对此很不解。服务生解释说，他们能记住哪些客人点了哪些菜，但在客人离开餐厅的瞬间，他们就把这一切全部忘掉，把注意力转移到下一批客人身上。

蔡加尼克把这项观察代入其他情境，做了额外的研究，她的研究结果就是"蔡加尼克效应"：未被完成的任务像"未画完的句号"，会占据我们的记忆，直到它们被完成。我们的注意力很容易被未完成的事干扰，不管这件事是不是真的重要。得益于蔡加尼克的后续研究，我们还知道，其实我们不一定非要把任务完成才能让大脑放下包袱，只要把它写下来，让大脑相信以后事情会被妥善处理，大脑就会安静下来——我向我的两个"混世魔王"请了30秒的假，写下龙飞凤舞的"查资料"3个字，我的大脑知道这件事以后会被妥善处理，它安静下来，不再干扰我们母子享受快乐时光了。

蔡加尼克见到的餐厅服务生是时间管理的高手，我们在第3章中介绍的学霸X也是时间管理的高手，第4章里能够自主安排作业量的学霸小Y，当然也是时间管理的高手。他们都能在不同的时间段迅速切换自己的注意力，而不像拖泥带水的两栖动物——青蛙跳入水里时拖着泥，爬上陆地时带着水。

餐厅服务生在服务一批客人时，将注意力完全放在他们身上，但这批客人一走，其记忆通道立马对他们关闭，向下一批客人开放。X在学习时完全忘我，身边的同学打架闹翻天都不闻不问，但在睡觉时则十分香甜，玩耍时也开心得像孙猴子，对学习的事毫不挂念。他们共同的特点是，在工作（学习）时不关心过去和将来，很容易进入心流状态，高质量地工作（学习），而在休息时则完全放松，高质量地放松。小Y当然也是如此，所以X和小Y才能在外人看来"毫不费力"地成为学霸——他们掌控了自己的时间。这就是时间管理的要义所在，我相信这也是你想要的。

时间管理的具体方法概括起来有以下几步。

（1）捕捉记录

你需要一个工具随手记录出现在头脑中的任何需要处理的事情，我的方法是随身携带一个小本子。这一步的目的是清空大脑，让大脑降低负荷，让各种各样"未画完的句号"从脑中转移到记录工具上。

（2）管理

找到一个固定的时间段，如每天完成当天所有任务之后的5~10

分钟，整理所有捕捉记录下来的事情，给它们分类，如哪些是第二天要做的，哪些是以后某天要做的，哪些是不需要做的，制定出计划。再清空大脑一次，清清爽爽地睡上一个好觉。

（3）执行

在学校只好按照学校的规定，每节课 40 分钟，在家里则可以使用"番茄工作法"，工作 25 分钟，休息 5 分钟，如此循环。按照计划高质量地学习，每完成一项，打个"√"，得到即时反馈，让大脑分泌一点多巴胺，享受一次小小的心流体验。然后，在休息时，高质量地休息，让大脑在高度专注的心流状态和休息时的发散状态间自由切换。

（4）反思

反思整个过程的执行情况，如捕捉记录是否彻底，是否真的让大脑降低了负荷，计划的环节是否合理，安排各时段任务时预估所用时间和实际所用时间是否有差异，差异是大还是小，下一步如何调整，在执行过程中自己的专注状态和放松状态究竟如何，以后怎样可以进步，等等。

如果想要了解更为细致的时间管理的技巧和方法，推荐你读两本书：《番茄工作法图解：简单易行的时间管理方法》和《搞定：让你远离忙乱的 GTD 时间管理法》。我们的"学霸 8 步法"让你有足够的动力来训练自己养成时间管理的习惯，而这两本书则给你更多具体的时间管理的操作方法。结合使用它们，会让你如鱼得水。

18.3 按照"学霸 8 步法"，养成时间管理的习惯

第一步，制定目标

请根据你自己目前时间管理的实际情况，来决定是否以及何时把养成时间管理的习惯列为绩效目标。这仍然没有外在标准，重要

的是根据自己的需要而定。

第二步，形成合力

养成这个习惯也需要你的重要他人的支持，在家里你需要父母的支持（他们一定愿意支持），在学校里则可以让你的"老铁"成为你的支持者（约两三个"老铁"一起培养这个习惯，会是个很棒的主意）。当然，如果你同时还有高强度思考的习惯，说不定哪天你需要跟自己的老师、父母"谈判"，来决定有多少任务量由你自己支配。"谈判"需要筹码，你的好习惯越多、自主能力越强，在你们真正想要的目标清晰并一致的情况下，你们在"谈判"中实现双赢、多赢的可能性就越大。

请至少告诉他们你准备开始养成时间管理的习惯了，告诉他们你想要达成什么样的目标，需要什么样的良性支持。

第三步，预演成功

上面我列举的时间管理的价值和好处，仍然是普遍意义上的价值和好处，你需要联系自己的学习和生活，切身体会这个习惯对你自己的价值和好处是什么。普遍意义上的价值和好处，就像银行里的钱，即便很多，如果跟自己没关系，那也不是你的。你能取出来多少，随身携带多少，才算拥有多少。好在习惯这个银行没有厚厚的防护门，没有严阵以待的保安，你想取多少取多少，能取多少取多少。

当你成功养成时间管理的习惯之后，当你能掌控自己的时间之后，在能够自如地、自由地使用和分配自己的注意力，并把完成学习和休闲都安排妥当时，你会有什么不同？

花些时间搞定时间，让自己有更多自由的时间，让自己成为时间的主人，进而成为自己生命的主人，这很值得，不是吗？

第四步，激发潜能

同样，在时间管理方面，你一定也不是一无所有。之前，你一定积累了一些管理时间的有效经验，只是可能还没有看到它。切记，"学霸8步法""番茄工作法""GTD时间管理法"都是你的工具，这些由"大脑壳"们总结出来的工具都非常好使，你可以借助这些智慧成果来提升自己，但一定也要看到自己的既有经验和信心积累。在前期，你当然要按部就班地使用这些工具，但慢慢地可以发挥自己的创造性，创造出适合自己的方式方法。

使用学霸工具包10"刻度尺问句"给自己的时间管理习惯打个分（信心指数、决心指数和既有方法策略可以分开打分），满分为10分，最低为1分，看看自己能得几分，然后找得分的证据，问自己"还有呢？"直到找到全部证据为止。等找完证据之后，你就会上到一个新台阶了。

你也可以用学霸工具包11"例外问句"来找到管理时间的"例外时刻"。在什么情况下你曾经较好地管理过自己的时间？那时候发生了什么？你是怎么做的？还有这种时刻吗？

第五步，迭代目标

过程目标的原则是100%由你掌控，追求1%的小目标、小改变。

在时间管理对应的过程目标中，你可以在目前的基础上进步一点点的是什么？你可以先在哪个阶段着手进步一点点，是在捕捉记录阶段、管理阶段，还是在执行阶段，或是在反思阶段？你可以从其中的一个阶段开始，追求一点点的进步（比如，在捕捉记录阶段开始行动，当捕捉记录"未画完的句号"成为习惯之后，再开始管理阶段），也可以在全程追求一点点进步，但要警惕完美的目标。

第六步，即时激励

从你的庆祝方式清单中找出一种，准备好每天达成目标之后立刻庆祝。你还可以和你的家人进行周庆祝、月庆祝。

如果你在养成其他习惯的过程中经常庆祝，相信即时激励已经成了你的一个重要习惯了。这个习惯已经让你每天的状态提升了一个层级，那么保持下去，在时间管理这个习惯的养成过程中继续保持。让自己每天活力满满，真的是一件美妙的事情。

第七步，预估失败

哪些因素是达成这项目标过程中的"塞壬的歌声"？如何调整自己所处的环境，特别是人际环境？和自己的支持者充分评估可能导致失败的因素，提前做好心理建设和制定预案。

设置合适的"行动扳机"，提示自己不要忘记达成目标。

第八步，行动与反思

是时候开始行动了。

每天的行动清单增加了一项，记得完成时打个"√"，让大脑分泌多巴胺，给自己激励。如果出现"原地踏步"或"退步"的情况，请使用学霸工具包 17 来反思（切记，不是反省），并进行调整和改进。

预祝你成功！

第19章 | 考试管理的习惯: 分、分、分, 学生的命根——揣上它

⑲.1 英语 "学渣" 的逆袭

小 A 的个子超过一米八, 同学们给他起了个绰号, 叫 "老闪"。他很瘦, 远远看去只见长胳膊、长腿, 他走路一摇一晃, "闪得人眼花"。他性格好, 每个人都喜欢跟他逗乐。

上初中一年级的他, 成绩中等偏下, 尤其在英语一科中是 "学渣": 满分 120 分, 他最近一次只考了 55 分。妈妈把他送来时, 反复提到的就是 "先想办法把英语学好"。

在 "观察期", 我注意到他的表现中规中矩, 对老师、父母要求的事大都照做, 但明显有 "交差了事" 的迹象。他跟同学相处, 也是遇事呵呵一笑, 不争不吵, 仿佛这辈子打定主意要与世无争似的。加上他瘦削的身上总穿着宽大的校服, 颇有点飘飘欲仙的感觉, 我跟他开玩笑说: "你要是再梳个发髻, 就妥妥是个道士了。"

读到本章, 你已经知道我们的招数并不多, 也就是 "三板斧": "要什么" "有什么" "怎么做"。第二周, 我约他谈话, 先问他

未来想要成为什么样的人。他思考了一会儿，说："不知道。"我没有接话，只是认真地看着他。然后，这位看上去与世无争、无欲无求的小伙子近乎无声地叹了口气。我继续沉默地等着他。他终于看着我说："老师，我一个'学渣'，能有什么未来？"

我说："和你相处一周了，你每天乐呵呵的，原来还是有心事啊。"

小 A 把头扭过去，看着窗外，好一会儿没说话。

我问他："愿意聊聊你的英语成绩吗？"

他回过头来，点点头。

我说："我想知道的是，你考了 55 分，这 55 分是怎么来的？为什么不是 35 分，也不是 25 分？"

小 A 对我的话感到有些意外，脸上也第一次露出有些气愤的神色："老师，在你眼里，我就那么差吗？"

"那么，55 分是怎么来的？"我继续问。

"我也没那么笨，我还听课了呢，我还背单词、背课文了呢。"他反驳我说。

"说说你听课的事吧。"

"我有些听不懂，总是会走神，可我也在听呀！"

"有些听不懂，可是仍然在坚持听，这并不是件容易的事，我猜你一定得克服很多困难，你是怎么做的？"

这次，小 A 很认真地看着我，他大概在揣摩我到底是哪头的，是在嘲讽他还是在支持他，然后说："我是个学生，不听课还能怎样？我总不能真的'躺平'了吧。"

"那么，你想要的未来是什么样子的？"

"我想要将来有能力养家。我爸妈不容易，做小生意，起早贪黑，我想照顾他们。我还有个妹妹，很可爱，我得保护她。可是我总是学不好，就说英语吧，单词从来都记不住，背了一遍又一遍，第二天又全都忘了。"

"我们来想象一下好吗？我知道你并不缺乏想象力。我们一起想象一下，假如二三十年后，你想要的未来成了现实，作为家里的男子汉，你已经在养家了，已经在照顾爸爸妈妈、保护可爱的妹妹了，那时候的你是什么样子的？你是怎么养家，怎么照顾爸爸妈妈，怎么保护妹妹的？"

小 A 开始描绘未来的场景，他说自己这一辈子注定"不会有大出息"，但那时候的他在做着"不大的生意"——具体是什么还没想好，或许是像爸爸妈妈那样开家冒菜馆，但有一个门面，而不是爸爸妈妈那样的流动摊，只要生意做得好，对人客客气气的，自己一定可以养家；爸爸妈妈年纪大了，有时候来店里帮帮忙，有时候跳跳广场舞；妹妹很聪明，一定能考上大学；等等。

在描绘这一场景的过程中，小 A 眼里闪着希望的光。我等他说完，继续问他："在英语学习方面，如果我们请二三十年后的小 A 给你点建议，他会对你说什么呢？现在的你听课虽然有些听不懂，但是仍然在坚持听；背了单词，会忘掉一部分，可是仍然每天在坚持背。你考了 55 分，而不是 35 分，也不是 25 分。对于这种情况，未来的你会对现在的你说些什么呢？"

这时，我很意外地听到小 A 问我："老师，我能讲脏话吗？"

我笑起来："真的吗？小 A 也会讲脏话吗？"

小 A 也笑着说："其实也不是脏话，那家伙一定会对我说'嗨，小子，别尿了'。"

接下来，我和这位被劝"别尿"的少年一起详细探讨了"55 分里有什么"，他是怎么做的。

小 A 总结了以下几条：一节英语课上，大约有一半的时间在坚持听课，课后有时会借来同学的笔记补上没记住的内容，每天坚持背单词和课文，在爸爸送自己上学的路上有时会用闪卡继续背。在说的过程中他突然想起来，上幼儿园的妹妹有时会缠着他用闪卡教她单词，这时候他的记忆效果是最好的。他笑着说："有些单词妹妹记得比我还牢，不过大部分单词我还是记得比她牢。"

到了制定过程目标时，我问小 A："聊了这么多，对于你的英语学习，你现在有了什么新的想法？你可以多做的一点点是什么？"

最后，我们确定下来的小目标是，每天多背 3 个单词（他起先说要每天多花 30 分钟背单词）。因为他说教妹妹单词时，自己的记忆效果更好，恰好我们的"中小学生习惯和内驱力训练营"是混班制，各年级的孩子都有，小 A 的人缘又好，上小学的小朋友都喜欢跟他玩，所以我们决定复制他的成功经验：每天背单词时，都临时"抓"一个闲着的小朋友来让他教。后来这成了他跟几个小朋友之间的固定游戏，有几个小朋友每天惦记着让"老闪哥哥"教他们英语——通过教别人来学习，也是一种科学的学习方法，斯坦福大学的学习专家们称之为"以教促学"，其另外一个大名鼎鼎的叫法是"费曼学习法"。你看，从以往学习经历中的"有什么"来挖掘资源，你总是会有意外之喜，总能在找到信心的同时，找到适合自己的科学的学习方法。

你一定想知道结果。小 A 在我们这儿待了一学期就离开了，将近两年后，就在我写这本书期间，有一天晚上他来看我。他现在的情况是，已经上初三的他，成绩在班里排在前 10 名以内，英语考满分是常事。

19.2 当我们谈论考试管理的时候，我们在谈论什么？

有句话很流行："考、考、考，老师的法宝；分、分、分，学生的命根。"这句话背后有一句很有趣的潜台词，好像是在说，老师是在用考试这件"法宝"来抓学生的"命根"。

我也问过很多学生，考试的目的究竟是什么？有些学生说，考试是老师和家长为了"收拾"他们；有的说是为了区分"好学生"和"坏学生"；也有的说是为了检验之前的学习效果，但说这话时，他们明显是重复老师和家长的话，而不是真的这么认为。

我们必须知道的是，除了中、高考有筛选的作用之外，平时考试的真正作用就是检验之前的学习效果，相当于对之前的学习的复盘。如果我们把考试成绩当作区分"好学生"和"坏学生"、"学渣"和学霸的手段，实在是偏离了考试的本意。最重要的是，这么看待考试，考试往往会变成一种"灾难"，不但在"学渣"那里是如此，在学霸那里可能也是如此——还记得在考场上晕倒的学霸小H吗？

既然考试是一种复盘，那么重要的就是，考试之后如何对考试结果进行反思。

通常的情况是，学生、家长和老师对考试结果进行的是反省。有的人总是把注意力放在失去的分数上，而不是把注意力聚焦在得到的分数上。你很清楚，我说的当然不是失去的分数无关紧要，而是说当我们把注意力放在失去的分数上，学习干扰项就会出现。每次考试之后，很多家庭都会出现鸡飞狗跳的局面。考试本来是为了检验学习效果，以帮我们更好地学习，但在很多人那里学习好像就是为了考试，以致学习本身失去了意义，学习只是为了考试。

心理学家徐凯文在北京大学做过一项调查研究，发现一年级的新生（包括本科生和研究生）中，有30.4%的学生厌恶学习，或者认为学习没有意义，还有40.4%的学生认为人生没有意义。徐教授给这种强烈的无意义感起了个名字，叫作"空心病"。

能够考上北京大学的学生当然是无可置疑的学霸，但是即便在这些顶尖的学霸当中，也有这么多人认为学习没有意义，甚至觉得人生没有意义，不得不说这是一场悲剧。出现这样的局面，原因当然很复杂，但是把考试当成学习的目的应该是重要的原因之一。考上好大学变成了学习的唯一目标，当这个目标达成之后，这些优秀的学子找不到学习的意义，也找不到人生的意义。我们在设计"目标金字塔"时，首先需要思考的是："我是谁？""我要到哪里去？"梦想目标和理想目标都不是考上好大学，考上好大学只是中间阶段的绩效目标。到这里，你应该能知道为什么要这么做了。成为学霸，这很重要，考上好的大学，这也很重要，但它们仍然不是最为重要的那部分。最重要的是，学习是为了达成你"真正想要的"那个目标，是为了让你最终成为你想要成为的那个人，到达你想要到达的那个地方。高分不是终点，重点大学也不是。

知道了自己"真正想要的"，我们再来重新定义每一次的考试，以及每一次的考试结果：它们都是为了检验和促进我们的学习，帮助我们最终达成自己的梦想目标和理想目标。

如果你同意这个定义，就可以用看待考试的新角度来训练自己养成考试管理的习惯了。

⑲.3 按照"学霸 8 步法"，养成考试管理的习惯

第一步，制定目标

建议你思考以下问题。

考试管理这个习惯现在对你而言是重要而紧急的吗？如今每次考试之后，考试成绩对你意味着什么？假设下一次考试你会得到很好的成绩，这对你而言这意味着什么？是代表你这个人很棒，还是代表这段时间你做得不错？反过来，假设你在下一次考试中成绩很差，这对你而言又意味着什么？是代表你有需要提升和改进的地方，还是代表你这个人不够好甚至没价值呢？考试是让你感到压力重重，

还是让你有适度的压力来重视学习和考试呢？

如果你认为成绩的好坏代表的不是学习效果的好坏，而是你这个人的价值高低，如果考试让你感到压力过大，那么我建议你把养成考试管理的习惯列为自己的绩效目标。

第二步，形成合力

你的父母和老师通常会非常关注你的考试成绩，这是必然的。他们想要通过对成绩的重视来支持你，只是有的时候他们对成绩的过分关注，反而会成为你的学习干扰项。在培养这个习惯方面，你同样需要他们的良性支持。

你可以跟他们（尤其是你的父母）共同探讨考试对你们意味着什么，共同探讨考试管理习惯的养成对你们意味着什么，这个习惯对你们各自的目标和共同的目标而言意味着什么，以及你需要得到他们怎样的支持。

第三步，预演成功

使用学霸工具包 6 探讨考试管理的习惯对你的价值和好处。使用学霸工具包 7、8，思考以下问题：你成功养成良好的考试管理的习惯之后，你和现在的自己会有什么不同？你在面对自己日常的学习以及考试的时候，又会有什么不同？到那时，当你再面对各种大大小小的考试时，你会拥有什么样的状态？这种状态会怎样支持你更好地应对考试的过程？这种状态又会让你怎样更好地应对考试的结果？这种状态会怎样支持你更好地应对学习中的快乐和挑战？如果在目前的考试中你感到压力重重，你可以把谁当成你的内心导师？你的这位内心导师如果面临同样的情况，会怎么从容应对？他会给你什么建议？

第四步，激发潜能

作为中学生，你已经身经百战，经历过多次考试，以后还会经历数不清的考试，有学习之路上的各种正式的考试，也有工作后的各种考核，还有人生之路上的各种考验，它们都是你的考试。你已经经历了那么多，你从过往的经历中一定积累了一些成功应对考试的经验，你有足够的潜能来训练自己养成这个习惯。

考试成绩本身就是一把刻度尺，所以在考试管理方面，你不需要再使用"刻度尺问句"。重要的是，你会把注意力聚焦在哪一部分。正像我对小 A 做的那样。在满分 120 分的情况下他考了 55 分，这个分数本身不会给他很大的打击，他之所以被打击，是因为他把注意力放在了失去的 65 分上，因此他在外部竞赛失利的情况下也输掉了内心竞赛，而在两种竞赛中同时落败的感受成了他很大的学习干扰项，导致他失去了信心。我和他一起做的工作是采用另一种计算方式：0+55=55。我引导他看的是他得到的 55 分里"有什么"，其中潜藏着力量，潜藏着资源，潜藏着坚持不放弃的"铜豌豆"精神，也潜藏着适合他的学习方法。当我们共同把这部分潜能挖掘出来之后，小 A 对英语学习的感受就变得不一样了，他变得有信心，有动力，也有方法了；当他日复一日地把这些潜能重复利用起来之后，他在英语学习中越来越频繁地进入心流状态，他的学习成绩自然而然地就变好了。

你也可以用学霸工具包 11"例外问句"来找到你应对考试过程和成绩的"例外时刻"。在过去的考试中，你是在什么时候用更有利于学习的心态和方式来看待考试及考试成绩的？当时你是怎么做的？你有什么成功的经验是以后可以继续使用的（有效多用）？

第五步，迭代目标

过程目标的原则是 100% 由你掌控，追求 1% 的小目标、小改变。

因为过程目标必须是小目标、小改变，而考试毕竟每隔一段时间才会有一次，所以我的建议是"把作业当考试"，在日常学习中训练自己养成考试管理的习惯。考试管理首先是心态管理，当然还有考试技巧的训练，如时间的把控、自我检查、应对难度不同的题目，等等。在考试技巧方面，我相信你的老师已经教给了你足够多的方法。你可以把日常的作业当成考试，来逐项练习考试的方法和技巧。任何方法和技巧都需要刻意练习才能变成你自己的技能，就像只记住游泳技巧的口诀并不能让你学会游泳一样。

另外，同样重要的是你对待作业中的得分和失分的心态训练。你可以在每天完成作业后花 2 分钟来反思：这次作业中你做对了哪些题目？你是怎么做对那么多的题目的？你在学习的每一个环节做对了哪些事才让自己做对那些题的？在这些已经做到的基础之上，你还可以多做的一点点是什么？

第六步，即时激励

从你的庆祝方式清单中找出一种，准备好每天成功培养自己的考试管理习惯之后立刻庆祝。你还可以和你的家人进行周庆祝、月庆祝。

第七步，预估失败

想想看，哪些因素是达成这项目标过程中的"塞壬的歌声"。每天坚持重复做一件事也并不是一件容易的事，所以你需要预估哪些因素会导致你中途放弃，并设置相应的"行动扳机"提示自己坚持。

你会在完成全部作业后，在合上作业本的那一刻，来反思自己在某一项作业中获取的资源和提升点吗？（把合上作业本这个动作当成"行动扳机"）还是会在完成某项作业，放下笔之后，开始培养考试管理的习惯呢？（把放下笔这个动作当成"行动扳机"）

第八步，行动与反思

是时候开始行动了。

每天的行动清单增加了一项，记得完成时打个"√"，让大脑分泌多巴胺，给自己激励。考试管理这个习惯本身在很大程度上就是一种反思行为，你仍然可以对这个习惯的执行情况进行反思。如果出现"原地踏步"或"退步"的情况，请使用学霸工具包 17 来反思（切记，不是反省），并进行调整和改进。

预祝你成功！

第20章 | 手机管理的习惯: 手机是工具, 你不是——控制它

 20.1 祖孙之间的冲突

小 M 的奶奶到我工作室说的第一句话就把我吓住了,她说: "老师,我刚从医院出来,做了支架手术,这都是被孙子气的。"

老人说的支架,全称叫心脏支架,又叫冠状动脉支架,是通过手术放进病人冠状动脉血管里的一种医疗器械。冠状动脉血管位于心脏上,负责给心脏输送血液,如果它被堵住了,就有可能危及生命,所以医生用心脏支架把它撑开,以保证血液输送畅通,防止出现危及生命的状况。知道了这些,你大概就能明白我为什么被吓住了。

我赶紧说: "老人家,您刚做过手术,需要静养,不能激动。要不我们回头再说? 身体最重要,其他的都不急于一时。"

奶奶说: "没事的,老师,我慢慢说,不激动,如果不说,我更着急上火。"

我只好让老人用舒服的姿势坐着,并请她慢慢讲述事情的经过。原来是因为手机。小 M 的父母离异,他跟着爸爸生活,但是爸爸在

外地工作，所以他由爷爷奶奶带着。前不久，妈妈给小 M 买了一部手机，从那之后，他常常因为玩手机而耽误学习，这使得祖孙俩冲突不断。

事情发生那天，小 M 又抱着手机不放，奶奶多次催他去写作业，他都不动。奶奶情急之下把手机夺走，摔在了地上。见妈妈给自己买的新手机被摔，小 M 跳起来，跟奶奶大吵。奶奶拎起笤帚作势要打他，他则操起了餐椅，高高举起要砸奶奶。奶奶把笤帚扔掉，哭着说："好呀，我一把屎一把尿把你从 3 岁养到 13 岁，你有本事打奶奶了，来吧，你打！"小 M 咣的一声把椅子摔到地上。椅子落地的同时，本来就有心脏病的奶奶也一头栽倒在地上。

奶奶从手术室出来后，小 M 跪在奶奶床前，向奶奶道歉，痛恨自己竟然对奶奶做出了那样的举动。

奶奶说："这孩子一直很懂事，虽然学习成绩一般，可谁都说他是个懂事的孩子。眼看着这手机要毁了他呀，这几天他又开始偷偷摸摸玩了，我得赶紧想个办法。"

20.2 当我们谈论手机管理的时候，我们在谈论什么？

这些年，手机几乎成了家长和孩子最主要的矛盾点之一。凡是来咨询我的家长，如果孩子到了青春期，无论咨询目的有什么不同，他们几乎都会提到因为手机而发生的冲突。

我最喜欢的历史学家之一，以色列的赫拉利不用智能手机，在接受采访时，他说他这么做的理由是："这让我能有更多的时间，这样我才是自己思维的主人。你知道这世界上最聪明的一群人，他们过去 10 年致力于钻研如何用智能手机'劫持'我们的注意力。我不够聪明，不足以抵挡这种'劫持'。所以不用智能手机可以保护我的思维、我内心的安宁和我的时间免于被'劫持'和操纵，这在很多方面都有帮助。"

自称"不够聪明"的赫拉利，其实是世界上最聪明的"大脑壳"之一，在年仅 36 岁时，他就写下了《人类简史》这本享誉世界的历史著作，被誉为"旷世罕见的天才历史学家"——到高中阶段，无论你是否选择学历史，我都强烈建议你认真读读这本书，你一定会从中收获很多。这本书一点也不晦涩，甚至很有趣。如果你尚在上初中，急不可耐地要读的话，也可以读读这本书的绘本版，相信你也不会失望的。

妈妈劝你少玩手机，提出的理由大概不外乎"对眼睛不好""耽误学习"。我知道你们对这两个理由早就有了很好的反驳词："玩手机会让视力变差，看书难道不会？""玩手机是为了放松，放松后才能更好地学习。"

但赫拉利的理由或许更值得深思：保护自己的思维，获得内心的安宁，掌控自己的时间，免于被"劫持"和操纵。那些研发智能手机的人当然是世界上最聪明的人之一，这群聪明的人在研发智能手机，以及手机里的各种应用时，脑子里想的是什么呢？

"脸书"（Facebook）的首任总裁肖恩·帕克一语道破天机，他在接受采访时说："说到底不外乎：'我们如何做，才能最大限度地消耗你们的时间和注意力，多多益善？'……这就意味着，我们必须时不时地给你一点多巴胺的刺激，你会看到，又有人给你的照片点赞了，又有人评论你的帖子了，诸如此类。而这就会让你发布更多的内容，然后，你就能获得更多的赞、更多的评论……因为你正是要利用人类心理的某一弱点。"

各种社交媒体（QQ、微信、微博、抖音、快手等）的设计逻辑是这样，各种手游的设计逻辑也是这样。所以，如果你一拿起手机就放不下，这不是你一个人的弱点，而是因为这群聪明的人在处处利用人类心理的弱点。手机本来是人类的又一个工具，是该由人控制的，但如今这个工具反过来控制了很多人，让人成了工具的工具。

你有自己的梦想，不是吗？你想要成为自由、自主的人，而不是谁的工具人。那么即使我们不能像赫拉利那样拒绝使用智能手机，也确实需要养成一个习惯来管理对手机的使用，让手机这个工具在我们这里真的只是一个工具，而不是让我们被它操纵。

以上是一位历史学家提供的理由，我还可以提供一位心理学家的理由。

简·特温格是一位社会心理学家，她专门就互联网对青少年的影响做了研究。她的研究结果显示，"屏幕时间"会对青少年的心理健康产生很大的影响。简·特温格发现，同抑郁症存在显著相关的只有两种活动：一是使用电子设备（如智能手机或计算机），二是看电视。所谓显著相关，就是每周花在这两种活动上的时间越多，患抑郁症的可能性就越大。另外，还有几种活动同抑郁症存在负相关（也就是说，每周花在此类活动上的时间越多，患抑郁症的可能性就越小），它们分别是：体育运动和其他形式的锻炼、读书、面对面的社会交往，以及做家庭作业（不许笑，这是严肃的心理学研究结果）。

为什么会这样？一部分原因是，电子设备让我们"离群索居"。我们人类是社会化的动物，喜欢成群结队，热爱团体运动和彼此呼应的活动，只要活动能给人类带来"人人为我，我为人人"的感受，人类就热衷于此。每个人都需要归属感，没有归属感，我们的心理就会生病。当然，智能手机上的社交媒体好像让人更容易交朋友了，但这种"虚拟"的交往跟面对面的社会交往可不是一码事，它们无法满足人对归属感的需求。你经常会看到饭桌上的人各自拿着一部手机而互不交谈，他们因为亲情或友情相聚在一起，但彼此隔着一个屏幕。很多家庭也是如此，每个人回家后都窝在沙发上，各自玩着手机，除了处理必要的事情之外很少沟通交流，一家人看起来在一起，实际上彼此隔着屏幕。在很多人那里，手机让人更加孤独，而不是更加亲密。

简·特温格还提到，社交媒体对女孩子的伤害更大。其中一个原因是，社交媒体所呈现的是那种"展示"版的生活，跟现实生活有很大的差距，会对女孩子造成更大的负面影响。社交媒体上到处是自动"美颜"的照片，它们连番轰炸，会让青春期的女孩子产生容貌焦虑，让她们对自己的外貌更缺乏自信，产生更大的心理负担。

所以，当我们谈论手机管理的时候，我们实际谈论的不只是保护眼睛，以及不耽误学习，我们谈论的是怎样不被手机操控，不成为它的工具人，我们是为了保护自己独立的思维、获得内心的安宁、掌控自己的时间、保护自己的心理健康。用一句话说，就是让自己成为独立、自由的人。

按照"学霸 8 步法"，养成手机管理的习惯。

第一步，制定目标

要想合理使用手机，养成手机管理的习惯，你不能仅靠意志力。那群聪明的人研究了人类心理的弱点，包括意志力的弱点。他们有1000 种办法"打破"你的意志力对手机的抵抗。

当你觉得需要养成这个习惯时，你首先要做的是看看自己的"目标金字塔"，再次确认梦想目标、理想目标和绩效目标是你内心真正的渴望，是你真正想要的；再次确认你不要成为工具的工具，不要成为手机的工具人；然后把养成这个习惯列为自己的绩效目标。

第二步，形成合力

养成手机管理的习惯，你当然也需要得到支持，特别是家人的支持。

现在，很多家庭里的大人和孩子都会因为手机而产生激烈而持久的冲突，好像孩子无节制地使用手机是矛盾产生的原因，但实际上据我的观察，亲子关系不良也是孩子无节制地使用手机的原因。很多孩子因为和父母关系紧张，在家庭中没有归属感，所以才会从手机里寻找"虚拟的归属感"。而就像简·特温格的研究结果指出的那样，这种"虚拟的归属感"不但不是真的归属感，反而会让人更加孤独：亲子关系会因此变得更为糟糕，孩子在家里的归属感会因此进一步减少。"饮鸩止渴"这个成语你一定知道，鸩是传说中的毒鸟，用它的羽毛浸泡的酒能毒死人，喝毒酒来解渴，就是指用错误的方法来克服眼前的困难，会导致更严重的后果。

这么多年里我们观察到，和父母关系良好、很亲密的孩子也会使用手机，但过度沉迷手机的情况却非常少见。所以，为了养成手机管理的良好习惯，你需要和自己的父母一起坐下来，共同探讨各自想要的目标，以及共同想要的目标，这是养成手机管理习惯的前提。当然，这也是养成所有好习惯的前提。

告诉你的父母，你需要养成这个习惯，你需要他们的良性支持。你们谈论什么样的支持是良性的支持，并商讨培养这个习惯时，你所需要的提醒手势和提示语。

第三步，预演成功

养成这个习惯后的成功场景很重要，你需要体会它，而不是只在理智层面知道它，因为情感可以为你提供的力量远远大于理智。使用学霸工具包6来体会手机管理习惯给你带来的好处和价值。

使用学霸工具包7、8中的一个或两个来让自己提前体验目标达成后的成功画面，想象当你能够合理使用手机；当你能够成为工具的主人，而不是工具的工具；当你能够保护自己思维的自由，保持内心的安宁，掌控自己的时间，把更多的精力投入现实的交往，用于实现自己的梦想时，你会有什么不同。

在培养这个习惯时，你需要内心导师的支持吗？如果需要，创造一个内心导师，让他随时支持你。

第四步，激发潜能

从自己以往使用手机的经历中发掘自己的潜能，会让你对管理手机更有信心和掌控感。凡坑都有矿，和养成其他任何一种习惯一样，即便看起来目前你在这方面做得并不好，其实你在过往经历中也储存了很多的潜能，当你把这些潜能一一发掘出来之后，你的信心指数就会一下子上升很多。而且，你会从中发现自己独到的合理管理手机的方式方法。

使用学霸工具包 10 "刻度尺问句"，给自己使用手机的习惯打个分，满分为 10 分，最低为 1 分，看看自己能得几分。如果是 3分，3 分里有什么？你一定有证据才会给自己打 3 分。你一定有过相对成功地管理手机的时候，至少是不那么差的时候，详细回忆当时发生了什么，是什么情况使你更有力量、更有方法地管理手机。当时你身边的人是怎么支持你的？他们做了什么？他们以什么样的情绪状态支持你做得更好？找到这些证据，复制它们，有效多用，无效变通。

你还可以用学霸工具包 11 "例外问句"来找到你管理手机的"例外时刻"。在什么情况下，你相对合理地使用了手机？在什么情况下，你成功抵制了手机的诱惑，或者在手机的诱惑面前延迟了三五分钟才打开手机？那时候发生了什么？你是怎么做的？还有这种时刻吗？

第五步，迭代目标

过程目标的原则是 100% 由你掌控，追求 1% 的小目标、小改变。

你可以算一下目前每个工作日使用手机的平均时长，周末使用手机的平均时长，在这个基础之上，你的过程目标可以是将使用时长缩短一点。比如，原来周末你平均每天使用手机 3 个小时，把它缩短为 2.5 小时如何？在余下的 0.5 小时里，你可以安排自己喜欢的活动（如打羽毛球、和朋友逛街、与妈妈散步）。

第六步，即时激励

从你的庆祝方式清单中找出一种，准备好每天达成目标之后立刻庆祝。你还可以和你的家人进行周庆祝、月庆祝。

管理手机是你与聪明的大脑之间的"战争"，你每增加一分对手机的管理，就多了一次战胜聪明大脑的机会，这样的成果当然值得庆祝，而且庆祝活动本身也可以让你更多地沉浸在现实生活而非"虚拟生活"中。与家人一起庆祝，则也是在现实中获得归属感而不是逃避到虚拟世界中寻找归属感。

第七步，预估失败

手机本身给人设置了太多"塞壬的歌声"，那里满是诱惑，几乎每一个设置都意在刺激你的大脑分泌多巴胺。

你需要考虑，如何调整自己的环境，像奥德修斯那样面对诱惑而不偏航。奥德修斯让船员把自己绑在桅杆上，你则可以把手机绑在"桅杆"上。

小 M 后来成功养成了这个习惯，在调整环境方面，他的两个方法可供你借鉴。一个是，小 M 和奶奶商定了使用手机的时段，除了这些时段，他都把手机交给奶奶管理。诱惑自己的东西的获得难度越大，它影响你的可能性就越小。另一个是，他家里另有两个人也喜欢玩手机，爷爷喜欢拿着手机刷抖音或者打"斗地主"游戏，小姑下班后也喜欢窝在沙发上玩手机，这样的手机使用环境对小 M 养成这个习惯很不利，所以奶奶专门召开了家庭会议。为了奶奶的身体健康，也为了小 M 的学习和成长，爷爷和小姑也同意合理使用手机。当小 M 在家时，他们和小 M 在同一个时段用手机，其他的时间则和小 M 一起把手机交给奶奶保管。

你还需要设置合适的"行动扳机"。在小 M 和其他我们辅导过的孩子那里，"行动扳机"就是手机上的闹钟。在使用手机的那一刻，就先设定停止使用手机的闹钟，闹钟一响，不管游戏是不是正精彩，都立刻放下手机。因为有了这样的设定，坚持一段时间之后，这些孩子往往会在闹钟快响起时，就从最吸引自己的手机游戏里先撤出来，以免在游戏中途撤出。这本身就是手机管理的一部分，不是吗？

另外，预估可能的失败风险，思考你可能在哪些时候忘掉或放弃培养这个习惯。和父母一起使用学霸工具包 15 "预估挫败工作表"预估风险，提前制定预案，提前采取应对措施。

第八步，行动与反思

一切准备就绪，是时候开始行动了。

每天的行动清单增加了一项，记得完成时打个"√"，让大脑分泌多巴胺，给自己激励。如果出现"原地踏步"或"退步"的情况，请使用学霸工具包 17 来反思（切记，不是反省），并进行调整和改进。

预祝你成功！